ぬくもりの心で
介護者を支えて

福祉の里会長
矢吹 孝男

中経マイウェイ新書 057

目次

起業家としての血

介護保険制度がまだ始まっていない１９８３（昭和58）年６月、私は訪問入浴事業を立ち上げました。それが幅広い介護事業を手掛ける「株式会社福祉の里」の始まりです。

それまでの私は苦しみの連続であり、事業を始めるといっても、会社をつくるほどの資金はなく、個人事業からのスタートでした。

起業には、夢の実現に向かって挑戦し続ける冒険のような一面がありますが、私にはそういう起業家としての血が流れているのかもしれません。

私は１９４６（昭和21）年１月４日、福島県安積郡日和田町高倉の農家に生まれました。五百川と阿武隈川に挟まれた小さな村です。先祖の多くはこの地で農業を営んでいましたが、それだけではありませんでした。

江戸時代に生まれて明治時代を生きてきた父方の曽祖父は、新しい時代の風に浮かれて何かの商売を始めましたが、うまくいかなくて、全財産を失ってしまいました。

その息子である祖父は、バリカンの行商で全国を行脚し、曽祖父のなくした財産のほとんどを取り戻しただけでなく、その後の矢吹家の基礎を築き上げました。起業家として、成功を手にすることができたのです。

祖父は私が小さい頃はまだ生きていて、自分が築き上げた財産を子々孫々にしっかり伝えたいという気概からなのか、家の中ではいつもにらみを利かせていました。厳しくて怖い祖父であったと記憶しています。

父は祖父のような起業家ではありませんでしたが、新しいことを始めるのが好きな人でした。米農家の中でいち早く酪農を行い、故郷の村に牛乳を普及させましたし、日和田町高倉で最初に養豚を始めたのも父であったと思われます。

幼少期に父から聞かされたことを二つ覚えています。ひとつは昭和天皇と同じ１９０１（明治34）年生まれだという自慢話。もうひとつは「ずるいことをするな」と叱られたことです。

どのような状況で言われたのか、記憶は定かではありませんが、この言葉の印象はきわめて強く、成人してからの私の心の中にも長く残り続けることになりました。

筆者近影

後妻としての葛藤と覚悟

母方の祖父も農家の生まれでした。長男ではなかったために町一番の貧しい家に婿養子で入りましたが、田畑を広げていき、町で一、二を争う裕福な農家になりました。父方の祖父と同様に大変な努力を重ね、家を盛り上げていった人でした。

母は後妻でした。先妻は母の姉、私にとって伯母に当たる人でしたが、3人の子どもを残して病気で亡くなったため、母が東京から呼び戻され、矢吹家に嫁ぐことになったのです。後添えとして妻の妹をもらうことは、当時はごく普通に行われていました。

しかし、裕福な農家に生まれた私の母は、当時の女性としては珍しく女学校まで出させてもらい、進歩的な考えを持っていましたので、このような結婚には相当の葛藤があったものと思われます。

結婚する前の母は、林芙美子の自伝的小説「放浪記」に感銘を受け、小説家になるという夢を抱いて上京し、林芙美子の家で住み込みの内弟子をしていました。

林芙美子と言えば当時の大人気作家です。自活しながら数々の恋の遍歴を重ねたキャリアウーマンのはしりのような人で、その経験を記した「放浪記」はベストセラーとなり、亡くなられた森光子さんの舞台でも有名です。

そんな林芙美子にあこがれて上京していた母が、姉の死という不幸があったとはいえ、夢を諦めて田舎へ戻り、年の離れた姉の夫に嫁いで、10代の3人の子どもたちの世話をする。その苦労は、並大抵のものではなかったのではないでしょうか。

母が嫁いできたのは1944（昭和19）年のことでした。この時、上の姉は

19歳、下の姉は15歳、矢吹家の長男である兄は12歳でした。私は太平洋戦争の終わった翌年に生まれ、その2年後に弟が生まれました。

母は、先妻の子どもたちに寂しさを感じさせてはいけないと思っていたのでしょうか。姉や兄に対してはとても気をつかい、優しく接していました。

一方、実の子である私と弟にはとても厳しく、一切の甘えを許しませんでした。私には父よりも母のほうが断然怖かったのを覚えています。

幼少期の家族写真(前列右から３人目が筆者)

母の教え

母は小説家になる夢は捨てましたが、文学の素養は折に触れて顔を出しました。

ある時、母は「天網恢恢《かいかい》疎にして漏らさず」という言葉を教えてくれました。中国の古典「老子」に出てくる言葉で、「天の道は厳正で、悪事を働いた者には必ずその報いがある」という意味です。

あまりにも何度も教えられたので、私は「テンモーカイカイ…」を復唱しながら走り回っていましたが、意味はまったく理解していませんでした。この教えが身にしみて分かるようになったのは、社会人として働き始めてからのことです。

厳しい母は、多少の熱があっても学校を休ませてはくれず、おかげで小学校から中学校まで皆勤賞をもらいましたが、小学生の時、1日だけ早退させてくれたことがあります。町に「二十四の瞳」の映画が来たからです。

原作は壺井栄の小説で、それくらい新任教師と子どもたちのふれあいを描いたこの物語が気に入っていたのです。

野口英世の話もたびたび聞かされました。福島県耶麻郡の貧しい農家に生まれ、1歳の時にいろりで左手を大やけどし、指が開かなくなるという障がいを負いつつも、猛勉強して世界的な学者になった郷土の英雄です。

母から聞かされているうちに、自分もいつの日か故郷に錦を飾るのだ、との思いが生まれてきました。

小学生の時に母が買ってくれた「次郎物語」のこともよく覚えています。主人公の次郎が大人になるまでの成長を描いた下村湖人の長編小説です。第1部から第3部までは児童文学としても読めることから、母が薦めてくれたのです。

内容はほとんど忘れてしまいましたが、ひとつだけ心に残っている言葉があります。第3部に出てくる「無計画の計画」です。計画を立てても、人知の及ばない力が働いて、その通りに行くとは限らない、人間が作った計画には限界がある、という意味です。

私が計画にこだわり、その通りに進んでいこうとする人間だったとしたら、倒産や夜逃げという出来事に遭遇した段階で挫折していたように思います。私の人生はイレギュラーの連続でしたが、この「無計画の計画」という言葉に支えられてきたような気がします。

小学校入学時の母と筆者

父を襲った悲劇

父は手先が器用で、創意工夫するのが好きな人でした。私が幼い頃のことですが、水汲み作業を軽減するため、竹で簡易水道をつくり、牛舎や豚舎へ水を引き込んでいたのをよく覚えています。

父は水を独占することなく、井戸のなかった隣家にも水道を通してあげたので、大変喜ばれました。近隣の農家の人たちも代わる代わる見学にやって来て、私はその様子を誇らしい気持ちで眺めていたものです。

その性格を受け継いだらしく、私自身も機械いじりが好きで、会社の車やパソコンは自分で整備しましたし、甥《おい》に三輪車をプレゼントした時は、兄弟で乗れるようにと、後部座席をつくってやったりもしました。

父は周囲の人からの人望も厚かったようで、組合の委員や町会議員などの要職を次々に頼まれ、忙しい日々を送っていました。私が小学校へ入学すると同時に、ＰＴＡの会長に選ばれました。

その頃、母は町内の婦人会の会長でした。ですから、運動会や卒業式など学校の行事があるたびに、父と母が来賓席に座っていました。友だちと過ごす学校という場所に、家庭が入り込んでくるのが恥ずかしく、私は嫌でたまりませんでした。

中学生になれば将来について考えるようになります。家業は兄が継ぐものと思っていましたから、ごく普通に高校へ進学し、エンジニアの道に進みたいと考えていました。

ところが、中学2年の時、大事件が起きました。父が家で飼っていた牛に角で胸を突かれ、大けがをしたのです。血まみれになった父は救急車で病院へ運ばれましたが、傷は肺にまで達していて、退院後も寝たきりの状態になってしまいました。

一家の大黒柱が働くことができなくなり、矢吹家の家計は苦しくなりました。エンジニア志望の私は、工業高校へ進学するつもりでいましたが、経済的余裕がなくなってしまい、高校進学を諦めざるを得ませんでした。

考えられる選択肢は、「家に残って農業を手伝う」「上京して中小企業に就職する」しかありません。私はそのどちらも乗り気がせず、態度を決めかねていましたが、そんな時、上の姉が第三の道を教えてくれたのです。

父が活躍していた頃の故郷

養成学校という道

当時、上の姉の夫は日本鋼管（現在のＪＦＥスチール）の川崎製鉄所に勤めていました。そこには、就職しながら勉強できる技術者養成学校がありました。優秀な人材を中学卒業の段階で雇用し、企業内研修の形で、工業高校や専門学校のような教育の機会を提供してくれるのです。

卒業後に就職することを前提に、学費は無料になりますし、半ば就職のようなものなので給料がもらえます。お金に困っていた当時の矢吹家にはうってつけの制度でした。

日本鋼管は鶴見造船所と川崎製鉄所に養成学校がありましたが、私が選んだのは義兄の勤める川崎製鉄所のほうでした。

学費が無料で給料がもらえるとあって人気は高く、倍率は６倍と言われていましたが合格することができ、１９６１（昭和36）年４月、生まれて初めて親元を離れて暮らすことになりました。

川崎製鉄所は川崎市川崎区にあり、同じ川崎市内の宿川原という所に住んで、国鉄（現在のJR東日本）南武線で通学する毎日が始まりました。

養成学校での３年間は、まさに私の青春と言えるほど楽しいもので、この頃にはまっていたもののひとつがバイクでした。当時は16歳で自動二輪の免許が取得できたため、私は中学生で免許を持っていたのです。

私は休みの日になると、バイクで横浜まで遊びに行きました。よく通っていたのは「関口レコード店」で、店内のBGMに店のレコードを使っており、リクエストできるので、気になったレコードを試聴することができるのです。私は新しい曲が聴きたくて、何度も店へ足を運びました。

１９６４（昭和39）年、18歳で養成学校を卒業すると、そのまま川崎製鉄所へ勤務することになりました。学校生活の延長のような毎日でしたが、この時代でうれしかったことのひとつは、私の業務改善提案が高く評価されたことでした。

通常は2人がかりで行うクレーンの機械へのグリースの塗り付け作業を、1人でもできるようにするもので、安全性の観点から結局はボツになりましたが、評価・称賛されたことへの喜びには大きなものがありました。

バイクにはまっていた頃の筆者

母からの電話

1967（昭和42）年、転勤の辞令が出ました。新しい勤務先は広島県福山市に発足したばかりの福山製鉄所で、川崎製鉄所の技術を伝えにいくことになったのです。21歳の時でした。

川崎で青春を謳歌《おうか》してきた6年間は、これで終わりを告げましたが、福山では新しい出会いが待っていました。勤務地の事務所で、妻となる匡子《まさこ》が事務員をしていたのです。

2年後の1969（昭和44）年に結婚しました。私は23歳、匡子は25歳。すぐに長女が、その2年後には次女が誕生し、仕事と子育てに励む毎日が始まっていきました。

安定した生活と明るい家庭。私は幸福でした。26歳になると、マイホームの購入も考えました。子どもの成長とともに、住んでいた社宅が手狭に感じられるようになってきたからです。

実家は兄が継いでいたので、次男の私は福島県に帰ることはもうないだろう、と思っていました。ところが、ある日、母から思いも寄らない電話が掛かってきました。

家を継いでいるはずの兄が、一発当てることを夢見て川崎へ出ていき、そこで運送会社を始めたが、経営がうまくいかなくて苦しんでいる、と言うのです。しかも、私に「助けてやりなさい」と言うのです。

当然のことながら、私はためらいました。しかし、同時に、祖父から受け継いだ実業家の血が騒ぎ出すのを感じていました。私はまだ血気盛んな20代の若者だったのです。母の頼みを断ることもできませんでした。

私は、養成学校から数えれば11年間お世話になった日本鋼管を退職し、家族とともに川崎へ向かいました。１９７２（昭和47）年7月のことでした。

兄が創業した運送会社は確かに業績は芳しくありませんでしたが、兄弟で力を合わせて懸命に働き続けているうちに、少しずつ好転していきました。

ところが、１９７３（昭和48）年の第1次オイルショックにより、状況は一変してしまいました。運送業にとって、ガソリンの高騰はまさに死活問題だったからです。

広島県の福山製鉄所に勤務していた頃の
筆者と子どもたち
（左は現在の福祉の里社長・華絵）

２０８万円の現金

燃料代の上昇分を運送料金に転化するのは難しく、仕事をすればしたで赤字がふくらむ最悪の状態に陥りました。たちまちのうちに資金繰りに窮するようになり、元受け会社の倒産のあおりを受けて、兄の会社は倒産してしまいました。私が日本鋼管を辞めて、わずか1年半足らずのことでした。

兄とその友人は、元受けが倒産するという情報を得ると、不渡りを出す前に行方をくらましました。私は途方に暮れましたが、会社には10人の従業員がいます。後始末は私がするしかありません。

しかし、債権者に返済する金はなく、残っていた金もすべて兄たちが持っていってしまいました。もうどうすることもできない、と諦めかけた時、ひとつの考えが浮かびました。売掛金が残っていることに気づいたのです。

これから集金に回れば、それなりのお金ができるかもしれない。ちょうど年の暮れで、私はひとりで取引先を回り、売掛金の前払いをお願いしました。中には足元を見て支払いを拒んだ会社もありましたが、ほとんどは快く支払ってくれました。これが最後と、はなむけのつもりで払ってくれたところもあったかもしれません。

すべての取引先を回ると、２０８万円の現金ができました。私は文房具屋で封筒を10枚買うと、そこへ20万円ずつ入れ、債権者に見つからないように、10人の従業員に近くの公園へ集まってもらいました。

私は「本当に申し訳ないが会社は倒産します」と説明し、一人ひとりに退職手当として20万円の封筒を手渡しました。それが私にできる最大のことであり、後はただ頭を下げるしかありませんでした。

私は残った8万円を持って家へ帰ると、母に電話を掛け、「これから家を出る。しばらく連絡は取れないけど、心配しないでほしい」と伝えました。母のところへ債権者が押し掛けることも考え、行先は告げませんでした。

私はわずかな着替えを軽自動車に積み込み、妻と2人の幼い子どもを乗せると、行き先のない夜の旅へ出発しました。夜逃げをしたのです。

夜逃げした時に乗っていたのと同じ「ＭＩＮＩＣＡ」
（かつて筆者が集めていたクラシックカー・コレクション）

名古屋での宿泊

行く当てのない私の頭には、「人間失格」の4文字が浮かんでいました。いずれ借金を返すことができても、掛けた迷惑は後まで残るだろう。償うには、成功を手にしなければならない。

27歳の私はそう考えていましたが、今はできるだけ遠くへ逃げるしかなく、選択肢はおおむね二つの道しかありません。ひとつは東京を経由して東北へ向かう道、もうひとつは東海道を西へ向かう道です。

東北へ行けば実家が近くなりますが、借金取りが押し掛けてくるかもしれないことを考えれば、これ以上、迷惑を掛けるわけにはいきません。そこで、「大阪へ行こう」と思いました。

かつては日本鋼管の福山製鉄所で働いていたため、関西にはなじみもあります。商人の街大阪で、商売を一から学んで再起を図ろうと思ったのです。

私は西を目指して、国道1号を走り続けました。夜の闇は深く、窓を通じて冬の冷気が身にしみます。

浜松を過ぎた辺りから、3歳と2歳の娘がぐずり始めました。いつもなら家でぐっすり寝ている時間なのに、不安だったのでしょう。「もうおうちには戻らない」と、正直に説明したことがまずかったのかもしれません。

子どもの泣き声を聞きながらの運転は辛いものです。あやしていた妻も疲れ果て、無口になってきました。大阪まではまだ距離があります。車は名古屋へ差し掛かっていました。

私は名古屋に来たことはありませんが、富士銀行に勤めていた叔父が支店長をしていたことがありました。ふと「名古屋で車を止めようか」と思いました。川崎からは名古屋でも相当な距離があり、私を知っている人はいないでしょう。妻を安心させるためにも、「名古屋で泊まろう」と言いました。

朝になって私が真っ先に向かったのは、名古屋市の公共職業安定所でした。ハローワークという名称になった今とは違って見るからに雰囲気が悪く、オイルショックによる不況で大勢の人が詰めかけていました。

面談の順番を待ちながら、私は壁に張ってある求人票を眺めていました。ひとつの職業に目を留めました。そこには「し尿収集運搬・浄化槽清掃」と書いてありました。

心の支えとなった中学卒業時の記念品

罪滅ぼし

私の目に留まった「し尿収集運搬・浄化槽清掃」という求人票。当時は下水道が十分整備されていなかったため、家庭のトイレの多くは汲み取り式でした。

し尿は収集・運搬され、浄化槽で水と汚泥に分解されます。きれいになった水はそのまま流すことができますが、汚泥は定期的な清掃で取り除く必要があります。

し尿の収集・運搬は、真空ポンプを備えたバキュームカーで行います。吸い上げる時、タンク内の空気を排出するため臭いがきつく、あまり好まれない仕事でした。

私はこの出会いを運命のように感じていました。社長でなかったとはいえ、会社を倒産させた責任のいったんは私にもあります。罪滅ぼしのために、人のやりたがらない仕事に従事してみようと思ったのです。

人の嫌がる仕事を3年間続けることができれば、何でもできるようになるのではないかと思い、自分を試してみたい気持ちもありました。

求人票を手にして、しばらくすると名前を呼ばれました。

担当職員は、日本鋼管という履歴を見て、「ちょうどいい仕事がありますよ」と、大手製鋼会社の求人を見せ、鍛造や鋳造などの職種を書き出してくれました。私はそれらの仕事をすべて断りました。

こうして紹介されたのが、名古屋市中区に本社を構える「輪栄工業」という会社でした。さっそく電話すると、その日の午後に面接をセッティングしてもらうことができました。

朝一番で職安に来たため、まだ時間に余裕があります。せっかく名古屋へ来たのだからと、なけなしの金の中から入場料を払って、家族を名古屋城へ連れていきました。

天守閣に上ると、眼下に濃尾平野が広がっていました。福島に生まれ育った私は、こんなに広い平野を見たことがなく、「ここで何事かを成し遂げたい」という気持ちがふつふつと湧いてきました。

子どもたちも目を輝かせて景色に見入っています。この子たちのためにも負けるわけにはいかない。私は固く手を握りしめました。

天守閣に上って勇気をもらった名古屋城
(中学の同級生と。前列右から３人目が筆者)

屋根の下での正月

その日の午後に行われた輪栄工業の面接は、あっけないものでした。素性を深く聞かれることなく、「明日から働いてくれ」と言われたのです。

与えられた仕事は、大型トラックによる浄化槽の清掃業務でした。兄の会社にいる時、大型の運転免許を取得していたため、大型トラックに乗ってくれと言われたのです。

こうして、私は名古屋の地で新しい人生を始めることになりました。会社は住むところのない私に給料を前払いし、家族４人が暮らすアパートも借りてくれました。そのおかげで、ささやかながらも屋根の下で正月を迎えることができました。

浄化槽の清掃は、外から見るほど嫌なものではありませんでした。私は汲み取り式で育った世代ですし、生家は農家なので糞尿の臭いには慣れていました。しかも、浄化槽の清掃は街のインフラを支える大切な仕事であり、自分の仕事に誇りを持つことができました。

しかし、安穏と暮らすことはできませんでした。ご迷惑を掛けた方たちにどのように償えばいいのか、心の休まることがなかったからです。

債権者は実家へ取り立てに来ました。兄は神戸の方へ逃げていましたが、実家には兄嫁や兄の子どもたちが身を寄せていました。父は知らぬ顔もできないので、かなりの田畑を売って借金の返済に充てていました。

自分たちの生活を支えるだけで精いっぱいの私は、何をすることもできず、情けなくて涙を流した日もありました。

名古屋での暮らしには問題もありました。債権者から逃れてきたので、住民票は川崎に残したままであり、健康保険証がないので病院へ行くことができず、６歳になる長女を小学校へ入れることもできません。

そこで輪栄工業の社長と相談し、住民票を住んでいたアパートではなく会社のほうへ移しました。家へ債権者が押し掛けないようにするためです。

予想していたように、しばらくすると債権者が会社に現われました。借金の多くは両親が後始末をしてくれていたので、残りの借金は減額してもらい、返済計画を提出して、少しずつ返していくことで話をつけることができました。

バキュームカーに乗って
再起を図った半生を記した著作
（２０１３年幻冬舎）

2度目の倒産を経験

私は1976（昭和51）年12月、当初の考え通り、輪栄工業に3年間勤めて退職届を出しました。社長に引き留められましたが、30歳の私は新しい仕事に挑戦したいとの思いが強く、心が揺らぐことはありませんでした。

私は営業の力を身につけたいと考え、訪問販売の営業マンになりました。訪問販売には押し売りのようなネガティブなイメージもありますが、中卒で職歴に誇るべきもののない私には、選択肢は限られていました。

仕事を始めると、大きな魅力を感じるようになりました。歩合給で、自分の腕次第でいくらでも稼げる仕事だったからです。成功すれば、両親の畑を買い戻すことができるし、家族に良い生活をさせてやることができると思いました。

家庭用洗剤を販売していましたが、大きな成長が期待できないことが見えてきたため、1年半で見切りをつけました。しかし、この経験は貴重でした。面識のない人にアポイントメントを取ったり、飛び込みで人に話を聞いてもらうことができるなど、営業の腕を磨くことができたからです。

次に私は、建設会社に営業職として入社しました。ようやく長く勤められる会社を見つけた気分でした。愛知、岐阜、三重県下を車で走り回り、地理に詳しくなったことが、後に起業する私に大変役に立つことになります。

建設会社に勤めていた6年間は、第3子の長男が生まれ、家庭には笑顔が戻り、名古屋での知人、友人も増えて、充実した日々を過ごすことができました。

ところが、1983（昭和58）年4月、会社が突然、倒産しました。私は営業課長の肩書が与えられ、社内での地位は上から3、4番目でしたが、経営状況や資金繰りは知らされていなかったので、寝耳に水の出来事でした。

　この時も社長や副社長が逃げてしまったため、事務員の女性とともに売掛金の債権を前払いで回収し、従業員に当座の現金を分配する役割を担うことになりました。

　人生で2度目の倒産ですが、今回は多少の蓄えがあり、私はそれほどあわてることなく、これからどうすべきかを考えました。

営業マンをしていた頃の筆者と親族（左端が母）

入浴介護の素晴らしさ

勤務していた建設会社が倒産し、「うちで働かないか」との誘いもいただきましたが、私は新たな就職先を探すことにはためらいがありました。日本テレビ系の24時間テレビ「愛は地球を救う」で見た「訪問入浴サービス」が頭の中にあったからです。

集まった募金で、寝たきりの高齢者に訪問入浴サービスを行うための福祉車両を購入し、全国の自治体や社会福祉協議会に贈呈しようというのです。テレビを見ながら思い出していたのは、死ぬ前の父の姿でした。

この時から3年前の1980（昭和55）年12月、福島から「父の容体が悪化した」という連絡が入りました。久しぶりに帰省した私は、すっかりやせ細った父と再会しました。

自分では動けなくなった父は、ものも言わずに私を見つめていました。名古屋で暮らしていた私は、ここまで弱っているとは思いもしませんでした。夕食後、母と弟と私の3人で、自分では体を洗うことのできない父を風呂へ入れました。せっけんのついたタオルで体をこすり、背中を流してやると、父は笑みを浮かべました。抱きかかえるようにして浴槽に入れてやると、気持ちよさそうに目を閉じて「ありがとう」と言いました。

私は驚きました。父は無口でプライドの高い人でした。他人に風呂へ入れてもらうのを恥じることはあっても、喜ぶことなど想像もできなかったからです。

しかし、目の前にいる父は明らかに喜んでいました。お礼を言われた私は照れくさくなり、「何言ってんだよ」と答えましたが、今から思えば父は死期を悟っていたのかもしれません。

この時のことを思い出しながら、「あの父ですらあんなに喜んでくれたのだから、ほかの人だって喜んでくれるに違いない。これからの私の人生でやるべきことがあるとすれば、こういうことではないだろうか」と考えるようになったのです。

私が福祉の仕事に携わるようになったのは、父が最後の力を振り絞って「入浴介助の素晴らしさ」を教えてくれたからであり、また「ズルいことをするな」という父の言葉は、経営者としての私の基本理念になっています。

まだ元気だった頃の父と母

訪問入浴事業の立ち上げ

訪問入浴サービスに興味を持っても、当時の福祉サービスは自治体が行うものでしたから、事業にしようという考えまでは浮かんできませんでした。

ところが、「24時間テレビ」を見てしばらくした頃、家の近くに訪問入浴車が停まっていました。「これが実物か」と思いながら眺めていると、「名古屋市社会福祉協議会」という大きな文字のほかに「株式会社S」と書いてありました。

「株式会社」とはどういうことだろうか。調べていくと、自治体から民間会社へ委託されている事業だとわかりました。

民間会社でも訪問入浴サービスができる。事業として行うことができる。その考えは日に日に私の中で大きく育っていき、多くの友人の励ましを受けて、

1983（昭和58）年6月、訪問入浴事業の会社を起こしました。会社を設立するだけの資金はないので、個人事業としてのスタートでした。

社名は「21世紀社」。21世紀に役立つ会社という意味を込めました。

事業を始めるためにまず必要なのは訪問入浴車です。もともとエンジニアだった私は自分で造ろうとしましたが、部品を見つけることができず、完成車を探すことにしました。

当時、訪問入浴車を製造販売していたのは、日本には2社しかありませんでした。私は両社の車を比較して、「デベロ社製のものがいいのでは」と判断しました。入浴車の製造販売にとどまらず、福祉や介護に真剣に取り組んでいると感じられたからです。

しかし、価格は300万円以上と高額であり、簡単に買うわけにはいきません。そこで、購入は実際に仕事を取ってからということにして、似たような形のバンに浴槽を積み込んで営業活動を始めました。

福祉と言えば行政が行うものと考えられていた時代であり、営業をかける先はそれぞれの地方自治体の福祉課以外にはありません。

この頃は、すでに訪問入浴サービスを行っている自治体と行っていない自治体があったので、私は「努力次第でいくらでも参入の余地はある」と思っていました。

デベロ社から購入した訪問入浴車第１号

答えはいつも「検討します」

私はまず名古屋市の社会福祉協議会を訪れました。当時の名古屋では、市役所ではなく、外郭団体の社会福祉協議会に福祉事業を委託し、そこから民間企業への業務委託が行われていたからです。

訪問した私は、次長さんと担当職員に面談することができ、丁寧な応対を受けました。私は、訪問入浴サービスとはどのようなものか、寝たきりの人がどれだけ幸せを感じるかなど、熱心に売り込みました。

そして、必死に頼みました。

「ぜひ私にやらせてください」

「よく分かりました。検討させていただきます」と、次長さんは言ってくれました。

同じようにして、まだ訪問入浴サービスを導入していない近隣の市役所も回りました。いずれも好意的な対応でしたが、了解を得られたところはひとつもありませんでした。

私の差し出した名刺を見て、こんな冗談を言われたこともありました。

「21世紀社ですか？　うちの市にもキャバレー21世紀という店がありますよ」

真剣に考えて付けた社名をちゃかされて、私はがっかりしました。

目星をつけた市役所を一通り回り終えると、私は再び名古屋市の社会福祉協議会を訪問しました。

前回お会いした次長さんと担当職員に「検討していただけたでしょうか？」と尋ね、もう一度、熱心に売り込みましたが、やはり「検討してみます」という言葉しか返ってきませんでした。

役所というのは、何をするにしても会議で検討し、上司の決裁が必要なところと承知していましたから、担当職員の一存で答えることができないことは、それなりに理解することができました。

しかし、何カ月経っても望んでいたような回答を得ることができないので、私はだんだん焦ってきました。

それでも足を運び続け、あれは4、5回目の訪問の時でした。いつものように熱心に説得しましたが、またしても良い返事をもらうことができず、がっかりして帰ろうとする私に、次長さんは言いました。

「矢吹さん、時間があったら、地下でコーヒーでもどうですか？」

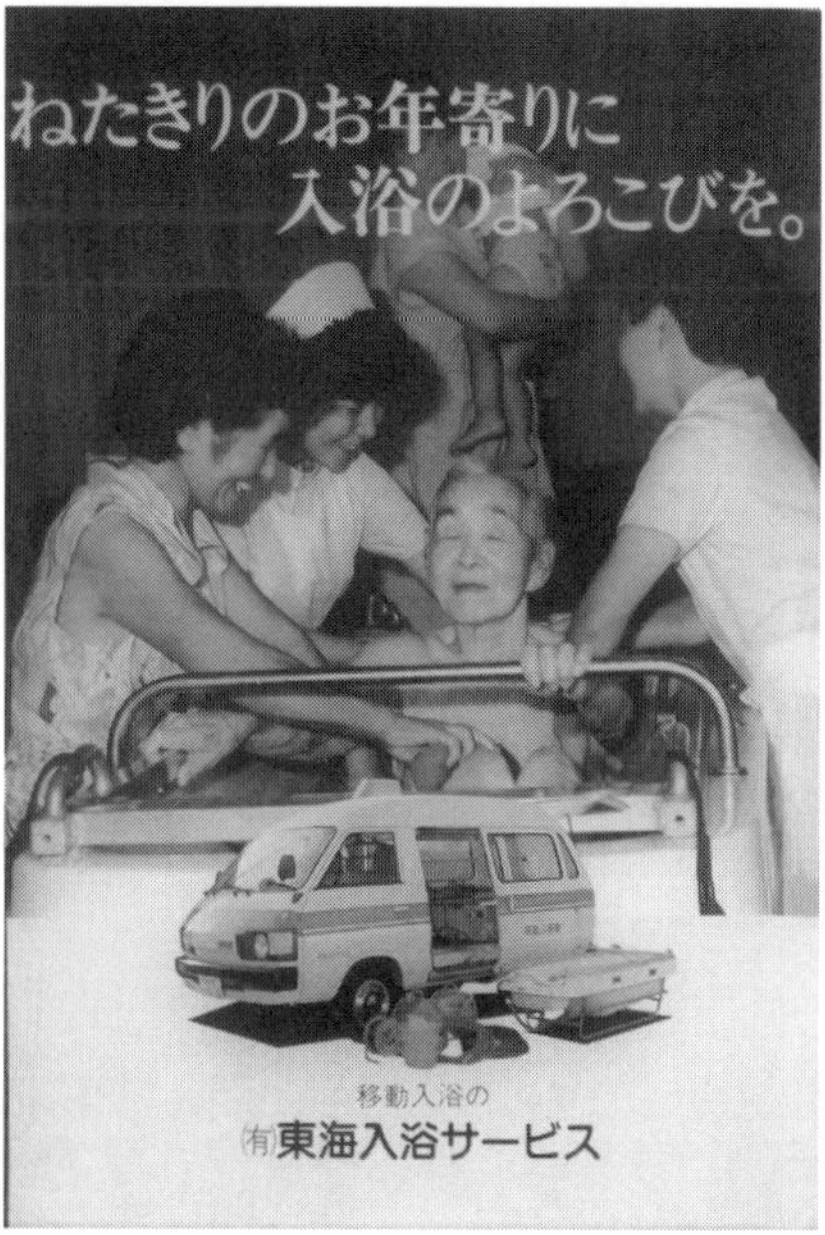

「東海入浴サービス」時代の
パンフレットの表紙

次長がくれたヒント

社会福祉協議会の次長さんからコーヒーに誘われた私は、正直言って「参ったな」と思いました。当時の私は仕事がなく、コーヒー代にも事欠いていたからです。

しかし、それまでになかったことであり、何らかの進展があるかもしれないとの期待から、私は誘いに応じることにしました。

喫茶店は社会福祉協議会が入居しているビルの地下1階にあり、席につくと、次長さんはおもむろに切り出しました。

「矢吹さん、これは公式なお話ではないので、そのつもりで聞いてください」

だから、事務所ではなく喫茶店に誘われたのだと思い、私は耳を傾けました。

「私は訪問入浴サービスはすごくいいと思いますし、ぜひ名古屋市でも広げていきたいと考えています。しかし、そうするとしても、おそらく矢吹さんのところには頼めないでしょう。私個人としては、矢吹さんは信用できる方だと思っていますが、何しろ実績がありません。名古屋市のような大きな自治体は、市民から届く声も多いので、何よりもまず安全と安心を考えます。ですから、起業したばかりで実績のないところには、仕事が出せないのです。何度、通って来られても結果は同じなのです」

もしかしたら、と期待していた私は、その言葉に愕然としてしまいました。ところが、次長さんの話はそこで終わりではなく、続きがありました。

「しかし、名古屋市ではなく、郡部にある町村であれば話は別です。小さな自治体の中には、訪問入浴サービスを行いたくても、できないところがたくさんあるからです」

意外な話の展開に、私は身を乗り出しました。

「今、愛知県下で訪問入浴サービスを委託できる民間会社はS1社しかなく、彼らは小さな自治体までは手が回りません。ですから、S社が営業に行かないような小さな町村の役場を狙ってごらんなさい。それらの町村で実績を積んだ後でなら、名古屋市からも矢吹さんのところへ仕事を出すことができるでしょう」

私は初めて、一筋の光明が見えてきたように思いました。

現在は26台の訪問入浴車が稼働している

営業先を町や村に

振り返ってみれば、名古屋市社会福祉協議会の次長さんは、自身の公的な立場を越えて、アドバイスしてくれたのです。世間知らずで、何の知識もなく、ただ情熱だけで突っ走っていこうとしていた私を、一人前にしてやろう、育ててやろう、と思ってくれたに違いありません。

このアドバイスを受けて、私は営業先を市役所から町役場、村役場へと変更しました。

だからといって、すぐに仕事がもらえるほど世の中は甘くありませんでした。営業活動を必死に行っても、うちには予算の余裕がないと追い返されたことがありましたし、何度も通ってようやく話だけは聞いてもらえたこともありました。

大きな転機となったのは、わが社の本社所在地になっている西春町の町役場への訪問でした。西春町は現在、北名古屋市となっていますが、当時は西春日井郡を構成する町のひとつでした。

西春日井郡を回っていた時、私の友人の知人が西春町の町会議員をしていて、その人が訪問入浴事業をしたいという私の話を聞き、西春町の福祉課につないでくれたのです。

私はそこで、福祉課の担当職員だったHさんと知り合うことができました。これはその後の私にとって、まさに運命的な出会いとなりました。

Hさんは以前から、福祉課の職員として訪問入浴に興味を持っていました。しかし、愛知県内で委託できる業者は愛知県内にはS社しかなく、料金も高額だったため、「これではできない」と躊躇《ちゅうちょ》していました。

そこへ町会議員のひとりが「もっと安くやってくれるやつを見つけてきた

ぞ」と言って、私を紹介してくれたというわけです。

Ｈさんは最初はあまり期待していなかったそうです。それは当然のことでした。当時の私は何の後ろ盾もない個人事業主であり、仕事の経験はなく、まだ入浴車も購入していなかったからです。

しかし、私の話を聞いているうちに「話しぶりはとにかくまじめだし、こいつならやれるかもしれない」と思うようになっていったそうです。こうして、私は初の仕事を受託することができました。

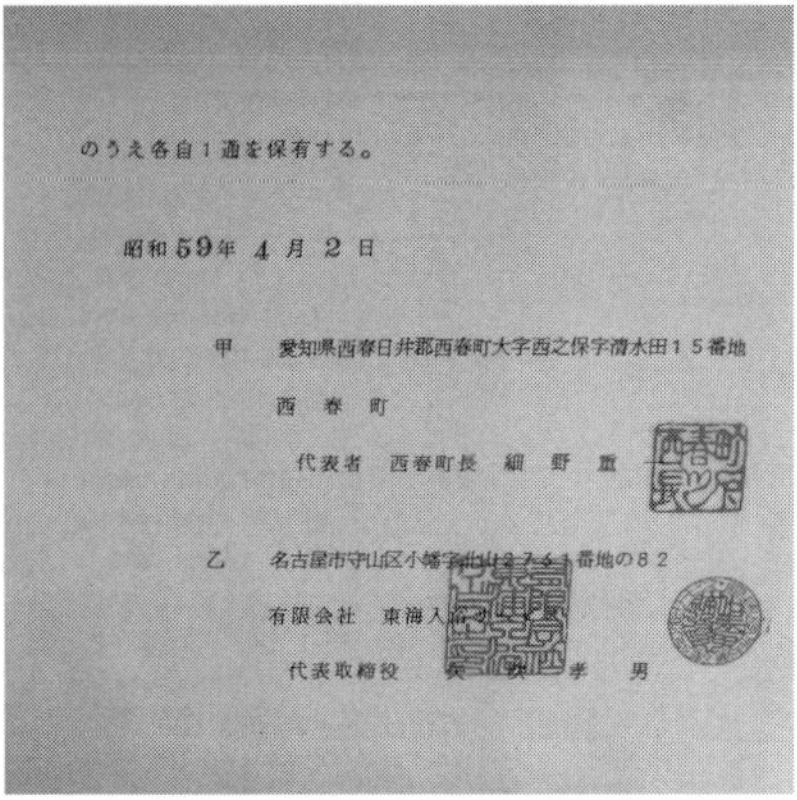

のうえ各自1通を保有する。

昭和59年 4月 2日

甲　愛知県西春日井郡西春町大字西之保字清水田15番地

西　春　町

代表者　西春町長　細　野　重　一

乙　名古屋市守山区小幡字[illegible]番地の82

有限会社　東海入[illegible]

代表取締役　[illegible]　[illegible]　孝　男

西春町の委託契約書
(昭和59年4月2日付)

高額料金の是正

西春町福祉課のHさんは、発注するにあたっていろいろな条件をつけてきました。

最初に言われたのは、「個人事業ではいけない」ということでした。きちんとした法人組織でなければ、安心して仕事を頼むことができないというのです。そこで、仕事を始める前に有限会社を設立することにしました。

続いて、実績のない会社に委託するに当たっては「同業者のSに比べて明確なメリットがなければいけない」と言われました。そこで、私はS社に対する不満な点を聞いて、その点を改善していくことにしました。

一番大きな不満は、やはり料金に関する問題でした。

S社は、入浴車1台による1日の入浴サービスの料金を8万円と設定していました。人数の限度を4人までとしていたため、利用者が4人であれば1人あたり2万円になります。

しかし、利用者が2人しかいなければ1人あたり4万円、1人しかいなければ1人あたり8万円ということになります。

しかも、S社は事前予約が必要で、利用日の買取制であったため、利用者が突然、具合が悪くなってキャンセルが相次ぎ、利用者がゼロになっても、自治体は取り決めに従って8万円を支払わなければなりません。

実際にそのような事態となり、行政の担当者は青くなって1軒1軒を回り、「何とか入浴してくれないでしょうか」と頼み込んだことがあったそうです。

何しろ相手はご高齢の方なので、そのようなことはいつ起きるか分かりません。そこで、私は予約による買取制ではなく、出来高制を提案しました。

私はコストや人件費などを試算して、1人当たりの適正価格を1万5千円と算出し、突然、キャンセルが発生した場合は料金はいただかないことにしたのです。

Hさんは「これならば上のほうも承認してくれるだろう」と言ってくれました。

Hさんの協力の背景には、S1社の独占ではなく、訪問入浴の事業者がもう1社あれば、両社が競争して価格は下がるし、サービスの質も上がるだろうという期待があったようです。

最初の看板。初心を忘れないために、本社に掲示している

「東海入浴サービス」設立

西春町福祉課のHさんがいろいろな条件をつけてくれたおかげで、私は会社設立の必要性を認識し、何が望まれているのかを理解し、S社との差別化を意識するようになりました。

しかも、Hさんは理解を示してくれただけでなく、本格的に私を応援してくれました。西春日井郡のほかの町村（師勝町、清洲町、西枇杷島町、新川町、豊山町、春日村）だけでなく、江南市の福祉課にも声を掛けてくれたのです。

こうした協力支援を受けて、私は毎日、営業活動を続けました。当時はNHKの朝の連続ドラマで「おしん」を放送しており、それを見終わると、名古屋市内の自宅から郊外の市町村を車で回るのです。

北へ向かう時は、西春日井郡を通って葉栗郡木曽川町、江南市、丹羽郡の大口町、扶桑町まで、東に向かう時は豊田市、岡崎市を越えて、額田郡額田町、南設楽郡の作手村、鳳来町まで足を延ばしました。時には、県境を越えて静岡県まで行ったこともありました。

こうした努力が実り、最初に仕事をいただくことができたのは額田郡額田町でした。

今は岡崎市に編入されていますが、額田郡には額田町と幸田町がありました。このうち、幸田町は工場地帯で税収が多いため、早くからS社による訪問入浴サービスを行っていました。

一方、面積は広いが森林地帯の多い額田町は、財政的な余裕がなく、訪問入浴サービスを実施したくてもできないところへ、私のような価格の安い業者が現われたというわけです。

仕事をいただいたと言っても年間契約ではなく、1984(昭和59)年1月から3月まで、補正予算を組んでの試験的な契約でした。

それでも私にとってはようやく獲得することのできた初仕事であり、非常にうれしかったことを今でも覚えています。

仕事開始に先立ち、1983（昭和58）年12月、有限会社「東海入浴サービス」を設立しました。「21世紀社」では何をやっている会社か分からないと言われた反省から、分かりやすい名前を選ぶことにしたのです。

設立当時の全社員（前列中央が筆者）

果たすことができた母との約束

有限会社「東海入浴サービス」の資本金は320万円でした。友だちに頼むと何十万円かずつ出資してくれました。

さらに、実際に仕事を始めるとなれば、訪問入浴車を購入しなければなりません。その代金は、母が資本金のほかに出資してくれました。

兄の会社が倒産した時の債権者への支払いで、そのような余裕はまったくなかったはずなのに、借金返済のために売却した畑の税金が還付されていたのです。当時の税務署の職員の方が非常に親切で、350万円の還付の手続きをしてくれていたのです。

運命の巡り合わせと言うべきか、母は戻ってきたお金を私の会社のために用立ててくれました。ただし、条件として「将来、成功した暁には、兄の子どもである甥と姪《めい》を助けること」という約束をしました。

会社が倒産して、兄は神戸で暮らしていましたが、兄嫁と3人の子どもたちは、私の両親のもとで暮らしていたのです。母は孫である兄の子どもたちを不《ふ》憫《びん》に思い、大変かわいがっていました。

私はその時に母と交わした約束を、ずっと気にしていました。そして、後に会社を株式会社にした時、350万円を甥名義の株券にしておきました。

2012年（平成24）年にこの株券を現金化したところ5千万円にもなり、これを甥と姪の3人に渡すことができました。

この時には母はすでに亡くなっていましたが、「ようやく約束を果たすことができた」とほっとしたのを覚えています。同じ頃、兄も神戸から福島へ帰り、家族そろっての暮らしが戻ってきました。

訪問入浴サービス開始に向けては、看護師を募集し、訪問入浴車を購入しました。販売元のデベロ社は購入者に研修を義務づけていたので、私は看護師とともに仕事を教わることができました。

車は私が運転するので、訪問入浴の人手は看護師と私の2人になります。しかし、安全のためにはもう1人必要だと判断して、知り合いの主婦をヘルパーとして雇うことにしました。

こうして、3人による訪問入浴サービスの体制を整えることができたのです。

水戸市にあるデベロ社へ訪問入浴の研修に（左端が筆者）

1市7町1村から受託

東海入浴サービスは額田町を皮切りに、自治体への積極的な営業活動を展開しました。私の打ち出した価格設定が評価され、受託自治体は次第に増えていきました。

すると、S社は対抗措置として料金を値下げし、私が回っていた郡部の町村にまで営業を行うようになりました。さらに、独占市場を守るために「実績のない業者には注意してください」という自治体向けのチラシまで配り始めました。その結果、最初の受託先である額田町はS社に変更してしまいました。

私はHさんに相談して作戦を練り、相見積もりで負けないようにするため、サービス内容を細かく書くようにしました。とりわけ健康管理に力を入れ、訪問入浴の3日前と翌日に血圧や体温などの健康チェックを行うことにしました。

こうした努力が実り、1984（昭和59）年度には1市7町1村から受託することができました。発足したばかりの会社としては、まずまずの滑り出しでした。

しかし、先行きは決して楽観できるものではありませんでした。当時はまだ「介護」に対する理解が十分ではなく、「訪問入浴なんてタダでも受けたくない」という人がたくさんいました。一般には「高齢者介護は嫁が行うもの」と考えられていたからです。

事実、訪問入浴におうかがいすると、「ご近所さんに知られたくないから、こっそりやってくれ」と頼まれることも少なくありませんでした。

1市7町1村から受託できたとはいえ、各市町村で毎月1日ほどしか仕事がなく、人数が集まらないので1日に二つの町を回る日もありました。仕事に行くのは月の半分程度で、残りの時間は営業に出掛けたり、技術向上のための研修や入浴車の改良を行ったりしていました。

それでも、私は訪問入浴サービスの未来を信じていました。利用していただいたお年寄りの笑顔に勇気づけられていたからです。

そこで、地域の事情にくわしい各地の民生委員を集めてデモンストレーションを行うなど、訪問入浴の素晴らしさを知ってもらうための努力を積み重ねていきました。

創業期の訪問入浴委託契約書

誰かが見ていてくれる

仕事に出掛ける日は月に半分くらいしかありませんでしたが、私は地道に、誠実に、他人よりも良い仕事を続けていれば、絶対に誰かが見ていてくれるし、仕事をくれるようになる、と信じていました。

事実、西春日井郡春日村の委託業務を始めたばかりの頃、こんなことがありました。

当時の春日村はまだ区画整理がなされておらず、くねくねとした細い道が多くて、どの曲がり角にもカーブミラーがついていました。

カーブミラーは汚れていることが多く、私は春日村を訪れた帰り道では、曲がり角で必ず停車して雑巾で拭くことにしていました。入浴車は水とバケツと雑巾を積んでいたので、委託先の地域に少しでも貢献したいとの思いがあったからです。

この光景を、愛知県庁の民生部から春日村に出向していた職員の方がたまたまご覧になり、春日村の役場で「おもしろい業者がいる」と話してくださいました。

狭い村のことですから噂はあっという間に広まり、そのおかげでほかの役場からの仕事も頂けるようになったのではないか、と考えています。

この職員とは、県庁を辞めて大学に戻り、社会福祉学を専攻して後にびわこ学院大学教授になられた鳥野猛先生です。福祉の関係で知り合う機会があったため、この逸話を聞くことができました。

ほかにも私の知らないところで、私の仕事ぶりを見てくれていた人がいたように感じています。

ともかく、仕事が少なく、お金のない生活が続いていましたので、静岡県の新居町から委託を受け、訪問入浴に出掛けようとしたら、財布の中に高速道路の料金すらなかったことがありました。服のポケットやかばんの中、さらに部屋中から小銭をかき集め、何とか行くことができました。

こんな状態でしたが、辛いとか苦しいとか感じたことはありませんでした。日本鋼管でばりばり働いている同級生と比べてみれば、確かにみじめな生活でした。しかし、自分の会社をつくって、好きなことをしている。だから、お金はなくても恵まれた人生なのだ、と思っていたのです。

鳥野猛先生(左)とは今もご縁が続いている

妻の匡子と長男。家族の支えがあっての事業専心
(創業35周年記念感謝の会で)

実績が実績を呼ぶ

創業当初は何とか売り上げを伸ばそうと、いろいろ試行錯誤を繰り返しました。

例えば、当時の訪問入浴は行政による無料のサービスでしたが、月1回程度しか利用できませんでした。そこでもっと利用したい人のために、1回1万円の自己負担で利用できるサービスを開始しました。

当時はまだ、個人情報に対して大らかな時代であり、7年間続けて介護をしている一般の人を表彰する「介護表彰制度」では、表彰された人の名前と住所が新聞の地方面に掲載されました。

こういう人のいる家庭であれば訪問入浴のニーズがあるに違いないと判断し、リストを見ながら自己負担の訪問入浴の営業活動を行いました。

訪問してみると、訪問入浴を利用したい人はすでに行政サービスを利用していて、もっと頻繁に入浴させたいとの思いはあっても、自費で1回1万円というのはなかなか重荷のようでした。

私は、やはり介護サービスは行政が行うのが主流なのだと考え直し、自治体への営業活動に一層、力を入れました。

こうして、9市町村から委託を受けた1984（昭和59）年度が終わり、私は「東海入浴サービス」の資本金を320万円から580万円に積み増すことができました。

売上高は1千万円を超えましたが、人件費が700万円以上になったため、当期利益は300万円近い赤字になりました。

翌1985（昭和60）年度には、地道な営業努力が実を結び、委託先を16市町村に増やすことができました。

西春日井郡の4町のうち、清洲町、新川町、西枇杷島町の3町が、1年間の仕事ぶりを見て契約を更新してくれました。

さらに、稲沢市、尾西市の2市からも委託契約をいただくことができました。最初の年に江南市と契約できたことが大きかったと思います。

ほかにも丹羽郡扶桑町、中島郡祖父江町、海部郡大治村が契約先に加わりました。契約第1号の額田町は更新できませんでしたが、実績が実績を呼ぶ形で契約市町村は広がっていったのです。

カルテの作成にも取り組む
(完成当時、全社員で記念パーティー、前列中央が筆者)

お金がなければ頭を使え

1985（昭和60）年度の売り上げは2千万円で、前年度に比べて倍増となりましたが、当期利益は376万円の赤字で、厳しい経営状態が続いていました。

会社にお金がなければ、従業員の不満も高まりやすいものです。そこで、「お金がなければ頭を使え」と自分に言い聞かせ、どうしたら従業員の満足度を高めることができるのかを必死で考えました。

考えついたのは、社長の私が雑用をすることでした。仕事が忙しければ、従業員のストレスはたまっていきます。そこで、掃除やお茶くみ、入浴車の洗車などは、私が率先して行うようにしました。

専門性の高い仕事は、代わりを務めることができませんが、雑用であれば代わることができるからです。

　この姿勢はその後も貫き通し、仕事が忙しくて看護師の離職率が高くなった時には、看護師が訪問入浴に出掛ける前と帰った後に、ナースシューズをせっけんで水洗いすることにしました。白い運動靴のようなシューズで汚れやすく、靴洗いは手間がかかるので、そんなことまでやってもらっていたら不満が高まっていくと考えたからです。

　１９８６（昭和61）年度からは、新しい仕事として寝具乾燥サービスを始めました。

　寝たきりの高齢者を入浴させている間に、寝具を取り換えたいという希望があるとして、行政から訪問入浴と同時に寝具乾燥サービスをしてほしいとの打診があり、始めることにしたのです。

　入浴車の購入先であるデベロは、布団乾燥車の販売も手掛けていたので、サービスを始めることに何の問題もありませんでした。ただし、新たな車両を購入するなど追加の投資が必要でした。

この時には18の自治体から訪問入浴の委託を受けていましたが、このうちの二つの自治体、西尾市と丹羽郡大口町から寝具乾燥の業務を受託することになりました。

しかし、寝具乾燥を委託したいという自治体はその後、なかなか増えていきませんでした。家族だけでは難しい入浴とは異なり、寝具の乾燥は福祉の力を借りなくてもできると考えられていたのかもしれません。

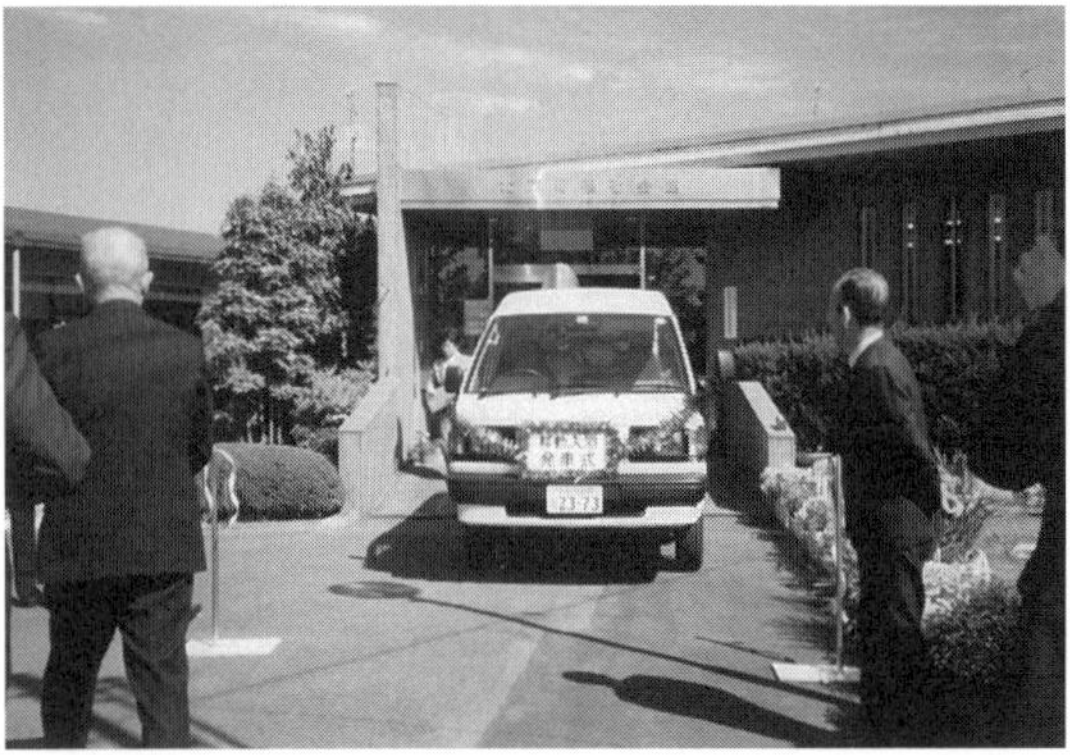

契約自治体での新年度の訪問入浴車出発式は当時、
よく行われていた（１９９０年、岐阜県北方町で）

父譲りの創意工夫

私が有限会社「東海入浴サービス」を設立して介護事業を始めたのは1983（昭和58）年12月で、介護保険制度が始まる17年前のことでした。いわば介護業界の草創期にあたり、先行企業も競合企業もほとんどなかったので、自分で工夫して形を作っていく楽しさを味わうことができました。

訪問入浴では、入浴車で沸かした湯をホースで室内の浴槽まで引き込みます。このため、冬場はホースがじゃまをしてドアや窓を完全に閉めることができず、隙間風が冷たいのではないかと思いました。

そこで、引き戸の隙間風防止器材「スキマー」を開発しました。戸に挟み込んで取りつけ、下部にホースの通る隙間が空くようにしたものです。事業を始めたばかりのことですが、このような機材を作ったのは当社だけでした。

1986（昭和61）年5月には、湯水混合栓を使う給湯器を独自開発しました。

それまでは、適温に沸かした入浴車の湯を浴槽へ引き込んでいたので、瞬時の温度調整ができませんでした。そこで、熱く沸かした湯と水を別々に用意して混合させるようにしたのです。

この方式であれば、瞬時の温度調整が可能なだけでなく、タンクの湯が適温に沸き上がるまで待つ必要がないので、準備時間を短縮することもできました。現在はもっと簡単に温度調節ができるボイラーがついているので、湯水混合栓は必要ありませんが、当時は画期的なものでした。

1987（昭和62）年10月には、浴槽のオーバーフロー（排水口）を改良しました。浴槽から湯がこぼれるのを防ぐため、浴槽の内側にはオーバーフローがついていますが、私はこの位置が気掛かりでした。

入浴の機会が少ない利用者が湯につかるとあかが浮いてきますが、オーバーフローは利用者の両肩のあたりについているので、浮いたあかが顔の周りに集まってくるのです。そこで小麦粉を使って湯の流れを調べ、あかを効果的に除去できる位置を探り出すことができました。

父は手先が器用で、創意工夫するのが好きな人であり、竹で簡易水道を作ったりしていましたが、私にも同じ血が流れているのです。

筆者手作りの湯口。温泉に行けない高齢者のために、
訪問入浴で温泉気分を味わえるようにした

大手の狭間を生き抜く

1985（昭和60）年7月、愛知県の訪問入浴サービス業界に激震が走りました。東京の大手同業者であるB社が、名古屋営業所を開設したからです。B社は、日本で初めて訪問入浴事業を受託した民間会社として知られていました。そのB社の主力市場である東京へ名古屋地区のS社が進出し、その対抗策としてB社が名古屋へ進出してきたのです。

当時、名古屋地区で訪問入浴サービスを行っていたのはS社と当社の2社だけであり、当社としてはS社とB社の争いに巻き込まれたも同然でした。

B社はスケールメリットを生かして、価格競争を仕掛けてきました。S社も当社も、1人当たり1万2千500円という価格設定で営業活動を展開していましたが、B社は1万1千円、1万円という価格を突き付けてきたのです。

その結果、S社と契約している自治体の中から、B社に乗り換えていくところが出てきました。S社は契約自治体の数が多かったので、狙い撃ちにされたのか、乗り換えはかなりの数になったと聞いています。

自治体の福祉課の職員の中には、競合企業が増えていけばサービスの質が向上すると考える人がいたかもしれません。しかしながら、当社から切り替えた自治体はひとつもありませんでした。

私たちはサービスの質が落ちることのないように、入浴を希望する人が何人いたとしても、1日につき5人までと決めていました。これに対し、B社は1日に10人も入浴させているという噂がありました。福祉課の人たちは「質を下げてまで価格を下げたくない」と考えていたからです。

加えて、私は自治体関係者と良い関係をつくるよう心掛けてきたので、「矢吹さんだから信頼して任せられる」と言ってくださる人がいました。「東京の会社には仕事を出さない」と地元愛を強調する人もいました。

その後、S社は資金繰りに苦しみ、2000（平成12）年の介護保険制度の開始時にニチイ学館に吸収合併されました。

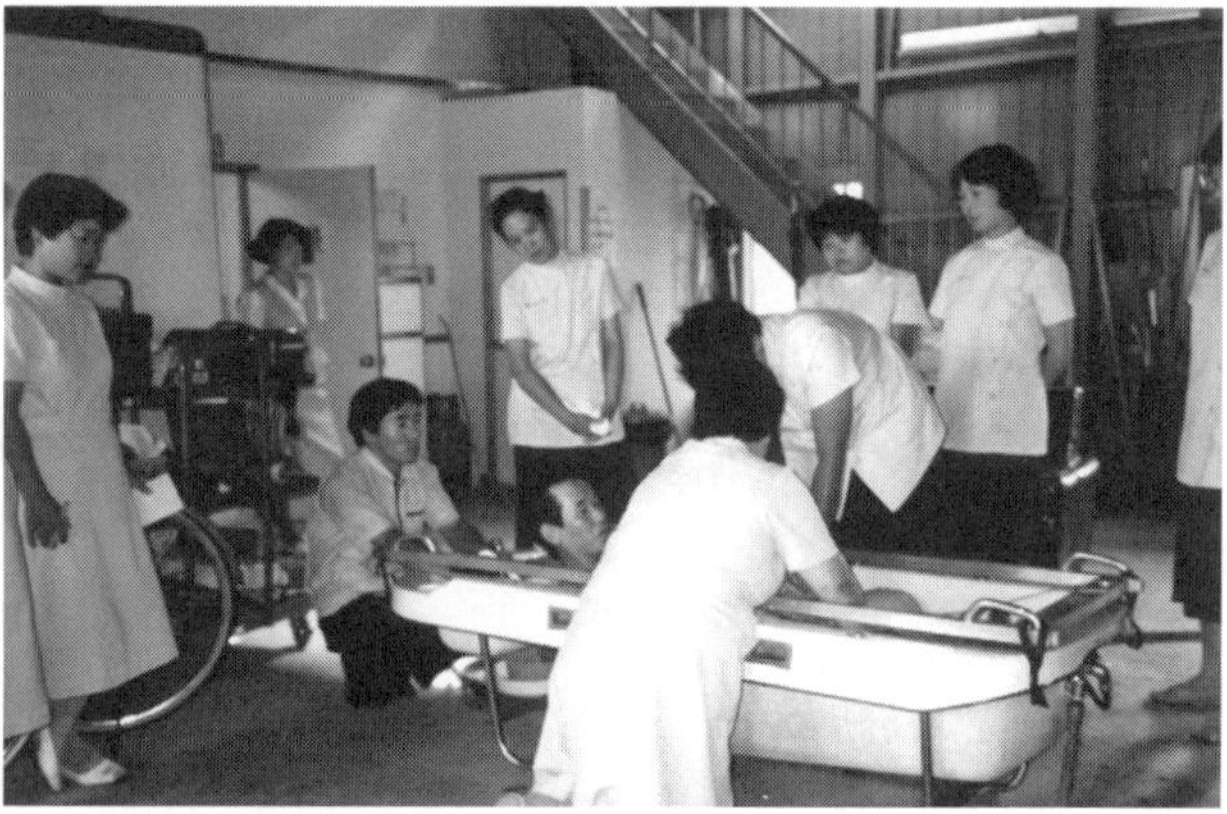

創業当時の訪問入浴の研修風景

手を抜くことなく効率追求

東京のB社の名古屋進出で、わが社からの乗り換えはひとつもありませんでしたが、価格競争の嵐には見舞われました。

最も影響が大きかったのは江南市で、入札価格が1人当たり9千円にまで下がってしまいました。これで利益を出すのは至難の業です。

B社は1日に10人を入浴させるという話でしたが、江南市の場合は契約で1日の上限が5人と定められていました。この条件で、どうやったら赤字を出さずにできるのか、私は必死で考え、妙案を思いつきました。

同じ日に江南市で5人、別の市町村で5人を入浴させることができれば、契約違反にはならないし、何とか利益を出せるかもしれません。

そこで、移動時間が最少になるようなスケジュールを組み、勤務シフトを見直し、準備や後片付けを早く終わらせるために、それまで1人だったヘルパーを2人に増やしました。それまではオペレーターの私と看護師との3人体制でしたが、4人体制にしたのです。

利用者の前ではそれまで通りの丁寧な接客を行い、外へ出たら走り回る慌ただしさでしたが、1日10人の入浴を実現することができました。

その後、1日10人の入浴はありませんが、いざという時にはできるという自信がつきました。4人体制にすることで、10人をこなしていても、仕事がいつもより楽になるという思い掛けない発見もありました。

この4人体制での入浴は、新人研修で活用し、効果を上げることができました。

新入社員は現場を経験しなければ、仕事を覚えることはできませんが、だからといって、いきなり3人のチームでヘルパーを任せるわけにはいきません。

そこで、４人体制の１人に加えれば、現場の仕事が覚えられるというわけです。

介護事業の難しさにはいろいろなものがあります。介護にもっと手間を掛けたいが、その余裕がなく、結局はやる気をなくして退職していく人も少なくありません。手を抜くことなく、精いっぱいやりつつも、どのようにして効率を上げていくか、経営者は絶えず研究し続ける必要があるのです。

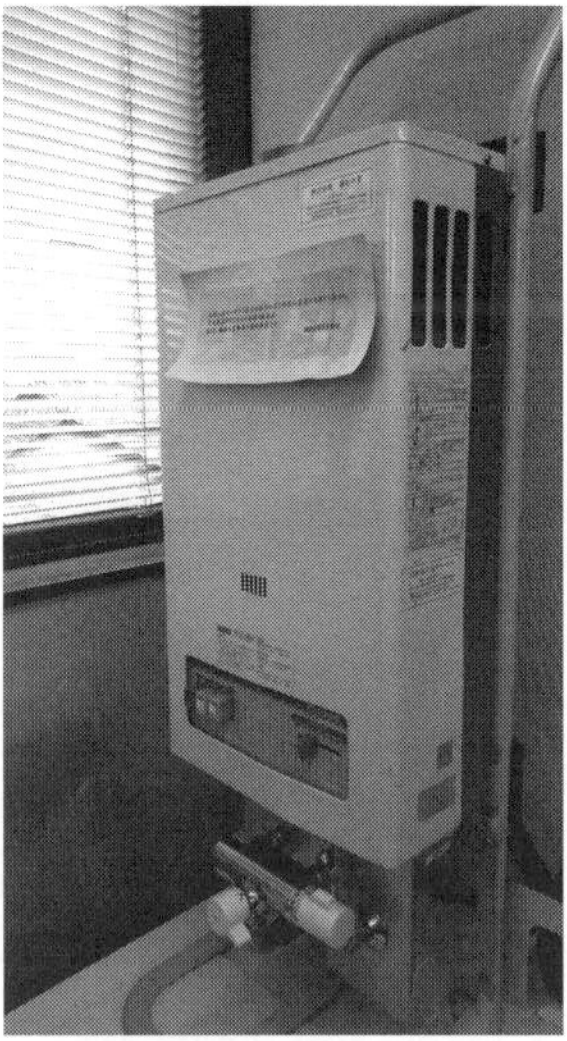

手作りのボイラー

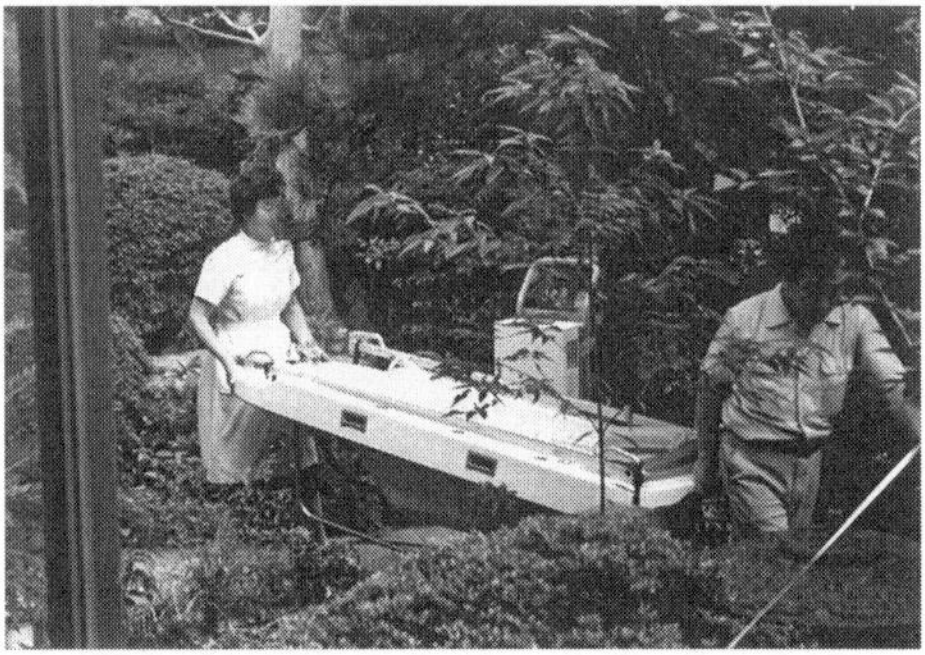

訪問入浴のオペレーターをしていた頃
（前が筆者）

「福祉の里」に社名変更

１９８６（昭和61）年度は、売上高２６２４万円、当期利益93万円となり、4期目でようやく黒字転換することができました。

翌年の１９８７（昭和62）年度は、売上高４４９０万円、当期利益３３０万円の大幅な増収増益になりました。

このように業容が拡大してきたのに伴い、この年の８月、本社事務所を西春日井郡西春町北野天神13へ移転しました。これが現在の本社（北名古屋市北野天神13）です。

当時はドアもないガレージを本社事務所として使用していました。シャッターは年中、上げっぱなしだったので、来社された方は相当にびっくりされたことと思います。

当時の入浴車は4台でしたが、仕事は順調に増え続け、翌年にはようやく名古屋市の訪問入浴を受託することに成功しました。

名古屋市の社会福祉協議会の次長Hさんから「名古屋市は大きいから、実績のない業者には仕事は出せません。しかし、郡部にある町村であれば話は別ですよ」というアドバイスをもらってから、すでに5年が経っていました。

1990(平成2)年12月、社名を「東海入浴サービス」から「福祉の里」に変更しました。新たに在宅介護サービスやデイサービスなどを行うことになってきたため、「入浴サービス」という社名ではそぐわないからです。

在宅介護サービスは、訪問入浴の延長線上にあり、手を広げることに違和感も問題もありませんでした。

デイサービスについては、これも民間に委託する動きが出始めていたため、受託するには事業目的に加えておいたほうがいいと考えました。

ところが、名古屋法務局は事業目的に「デイサービス」を記入することを認めてくれませんでした。そのような業務を行う民間企業は全国でも前例がない、というのがその理由でした。

どうしても入れておきたいと考えた私は法務局へ日参し、了解を得ることができました。民間企業でデイサービスの前例がなかったということは、「福祉の里」が日本で初めてということになります。

増築前の本社屋（新旧の社名が掲げてあった）

在宅介護とデイサービス受託

在宅介護とは、介護スタッフが利用者の自宅を訪問して、日常生活に必要な支援を行うもので、訪問入浴サービスも広い意味で在宅介護のカテゴリーに入ります。

これに対して、利用者に施設まで来てもらい、入浴や食事、リハビリテーションなどを行うのが施設介護で、日帰りで利用する通所介護と、泊まりで利用する入所介護があります。デイサービスは通所介護にあたります。

東海入浴サービスから社名変更した「福祉の里」は1991（平成3）年4月から、在宅介護サービスとデイサービスを受託しました。稲沢市と甚目寺町でデイサービスを、清洲町で在宅介護サービスを行うことになったのです。

民間企業で市町村から在宅介護を受託したのは、埼玉県大宮市から受託したヘルシーライフサービス、千葉県柏市から受託した日本福祉サービスに次いで、全国で3番目となりました。

デイサービスについては、受託した民間企業は全国でも前例がないと名古屋法務局に言われましたので、おそらく日本で初めてということになります。

在宅介護を受託したのは全国で3番目ですが、実は清洲町から受託する以前に在宅介護を行った経験があるのです。

ある人から、裕福な社長の一人息子が事故に遭い、全身がまひしてほとんど動けなくなってしまったという話を聞き、試しに訪問入浴に伺って窮状を知り、支援することになったのです。

当時は民間の介護サービスはなく、行政サービスは訪問回数が限られているうえ、貧困層が受けるものという偏見がありました。実際に所得制限のようなものがあり、裕福な家庭だったので、受けることができなかったのかもしれません。

私たちはそれまで、入浴以外に介護の経験がまったくなかったので、介護の何たるかを教えられることになりました。入浴はある程度の手順が決められていますが、在宅介護は利用者によって要求が異なり、お仕着せのコースで済ませることができないからです。

この経験を通して技術や知識を磨くことができたおかげで、清洲町の在宅介護は上々のスタートを切ることができました。

在宅介護を支援する店舗「憩」をオープン

介護業界、大変動期へ

１９９０年代は、在宅介護やデイサービスなどの新しい事業に挑戦し、業容が大きく拡大していきました。

これに伴い、１９９５（平成７）年には、それまで営業所として使用していた倉庫の横の空き地に、本社屋を建設しました。これでようやく、事務所らしいスペースで働くことができるようになったわけです。

これが現在の本社屋であり、隣にあったかつての事務所は本来の目的通り、倉庫として使用しています。

翌１９９６（平成８）年には、有限会社「福祉の里」を資本金１千万円の株式会社に改組しました。個人会社の「21世紀社」を設立してから13年、夜逃げ同然に名古屋へ来てからは23年が経っており、私は50歳になっていました。

介護業界も大変動期に突入しようとしていました。もはや少子高齢化社会の到来は将来のことではなくなり、高齢者介護に対する国の取り組みが本格化してきたからです。

国会では介護保険制度に関する議論が活発化し、当時の厚生省の課長クラスの人が現場の声を聞くため、事業者の私たちと話し合う場が何度も設定されました。団塊の世代が高齢期を迎えると、これからの日本はどうなるのか、厚生省のお役人の危機感は相当なものでした。

そんな折、「24時間巡回介護事業」が議論されるようになりました。

東京や横浜、大阪などの大都市圏には、介護を必要とする一人暮らしのお年寄りがたくさんいます。その人たちの夜間の容体の急変に対応するため、ホームヘルパーを24時間巡回させてはどうか、ということになったのです。

業界は大騒ぎになりました。現場スタッフは主婦のパートが多く、夫や子どもが家にいない昼間だけの仕事だからこそ、勤務できているからです。

そんな時、同業者の日本福祉サービスが一足先に始めているとの話を聞き、見学に行くと、想像していたより簡単な業務であることが分かりました。実際には利用者のほとんどは寝ているので何事もなく、夜間勤務は昼間よりも大変ではなかったのです。

倉庫横に完成した新本社屋(社員全員で、右端が筆者)

24時間巡回介護のモデル事業

24時間巡回介護サービスは、正式な制度となる前に、いくつかの自治体でモデル事業としてスタートすることになりました。福祉の里では、春日井市と名古屋市昭和区、横浜市栄区で受託することになりました。

なぜ横浜市かというと、全18区でモデル事業を行うため、その事業者を募集していることを知り、腕試しのつもりで応募してみたのです。

その時は、まさか名古屋の事業者が受託することはないだろうと思っていましたが、採用されてしまったのです。慌てて横浜営業所を開設しました。1998（平成10）年のことで、中部地区以外で初の営業拠点になりました。

もちろん、ヘルパーさんなどのスタッフを名古屋から連れていくわけにはいきません。そこで、スタッフは現地で募集し、その人たちの面倒を見るリーダーを何人か送り込み、私自身も車を運転して、毎週のように横浜へ通いました。

1999（平成11）年には、大阪市から「24時間巡回型ホームヘルパー派遣調査研究事業」のモデル事業を受託し、大阪にも営業所を開設しました。

それまでは中部地方にこだわって事業を展開してきましたが、関東と関西に事務所を構え、私は全国に目を向けるようになりました。

横浜と大阪の営業所には、私は車で往復していましたが、3年間で10万キロを走破したことには、私自身びっくりしました。

その後、横浜市では戸塚区にも営業所を開設し、2拠点を構えることになりました。

しかしながら、実際にやってみて分かったのは、文化の違いもあって、北名古屋市の本社から横浜市の営業所をコントロールするのは難しいということでした。

また、これといって横浜における将来構想もなく、それでは現地採用したスタッフにも申し訳ないので、２００５（平成17）年、友人でもあるセントケアの村上美晴社長に相談して、事業を譲渡することになりました。

私には、自分の目と手の届く範囲内で仕事をするほうが性に合っているようです。

横浜に営業所を開設

顧客の9割が「継続利用したい」

２０００（平成12）年4月1日、介護保険制度がスタートしました。これにより、それまでは行政が行っていた介護福祉サービスに、民間事業者が参入できるようになりました。

これに対する私の立場には、二つの側面がありました。

将来、お世話になるかもしれない一市民としては、それまでの介護福祉制度が破たんする前に、ぜひともより持続的な制度につくり直す必要があり、介護費用を皆が平等に負担し合う保険制度にしたことは、方向性としては良いと思いました。

一方、介護業界で仕事をする事業者としては、それまでは自治体を相手に営業していればよかったものが、これからは利用者一人ひとりに営業活動を展開しなければならなくなり、これは大変な変化でした。

このため、どの介護事業者も、いかにしてお客さまに利用していただくかを考えなければなりませんでした。この問題に対する主要なポイントも二つありました。過去の実績とケアマネジャーの存在です。

お客さまはよほどのことがない限り、自分がなれ親しんできた事業者を変更しようとは思わないものです。

介護保険制度が始まる2カ月前に「引き続き利用していただけますか？」というアンケート調査を行ったところ、ほぼ9割のお客さまから「継続利用したい」との回答をいただきました。

訪問入浴事業者のパイオニアであり、積み重ねてきた16年間の実績のたまものであったと思います。

もうひとつのポイントのケアマネジャーですが、ケアマネの仕事自体からはそれほど売り上げは上がりませんが、介護保険制度では最初にお客さまに接する役職であり、できるだけたくさん養成することにしました。

社内から受験者を募集し、最初の年に７人が合格し、今では全社で70人を数えるまでになっています。

介護保険制度がスタートして自由競争になり、さまざまな問題はあるものの、私は市場原理を信じています。努力している事業者、質の高いサービスを提供し続ける事業者が、勝ち残っていくからです。

介護保険制度がスタートし、営業拠点を整備した
（西春町〈現在の北名古屋市〉の在宅介護支援センター）

われわれが介護者を支えていく

国の借金は膨大で、高齢者福祉にこれ以上、お金をかけるわけにはいきませんが、介護が必要な高齢者に不便をかけるわけにもいきません。

国や国民にできるだけ負担をかけないようにしつつ、高齢者介護を充実させるにはどうすればよいか。突き詰めていけば、できるだけ施設ではなく、自宅で過ごしてもらうシステムを真剣に考えていかなければならないということになるのではないでしょうか。

もちろん、身寄りがなくて独りで暮らせない方、お金があるから施設で手厚く面倒を見てもらいたい方は、それでいいですが、自分の家があり、子どもや孫が近くに住んでいる一般の方は、やはり自宅で暮らしたいという気持ちが強く、そのための制度を考えていく必要があります。

高齢者が自宅で生活するのに必要なのは、自宅で介護してくれる介護者で、多くの場合は配偶者や子ども、嫁ということになります。

家族に大きな負担をかける現行の制度は、決してベストではありませんが、解決法がない以上、私たち事業者は介護者を支えていくことが必要です。

1984（昭和59）年に木曽川町が訪問入浴事業を開始した時、役場の担当者の期待もむなしく、利用希望者は1軒もありませんでした。

後日談ですが、「あそこの嫁は親の風呂を役場に頼んだ」と言われるのが怖かったというのが、希望を出さなかった一番の理由でした。

私は民生委員会の会議の席で訪問入浴の実演を行い、「これは介護者のための事業であり、負担の多い嫁への福祉事業だと訴えてください」とお願いしました。

効果てきめんで、たくさんの希望者があり、予算オーバーで、1人あたり2

カ月に1回の利用になりました。

この事例から分かることは、利用者よりも介護者がキーポイントだということです。介護者が施設へ入れると言えば「施設入所」になるし、在宅で頑張りますと言えば「在宅介護」になるのです。

介護を受ける人が介護者に感謝し、社会も介護者の苦労を理解して支えていく。そのような世の中になることを願っています。

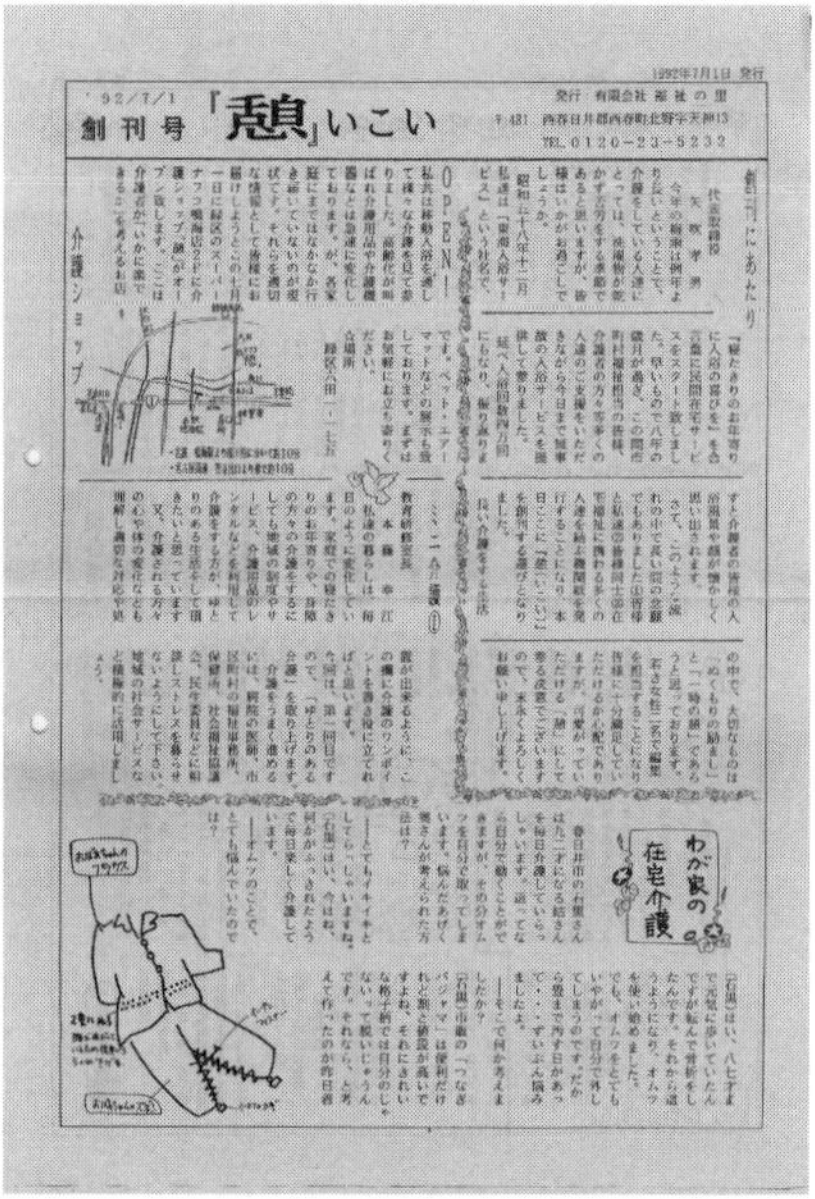

1992年7月1日 発行

'92/7/1 創刊号 『憩』いこい

発行 有限会社 福祉の里
〒481 西春日井郡西春町北野字天神13
TEL 0120-23-5232

創刊にあたり

OPEN!

介護ショップ

ミニ介護(1)

わが家の在宅介護

在宅介護充実の一助にと創刊した「憩」
（１９９２年7月）

ショートステイ施設運営へ

　在宅介護の介護者に必要なのは休息日です。事業所のスタッフは、現場がどんなに過酷でも、仕事が終われば家へ帰って休むことができますが、同じ家に住む介護者には休みがありません。24時間365日、介護し続けていればパンクしてしまいます。

　そこで、福祉の里では「介護者を支える」という理念のもと、24時間365日のうち、3分の1は施設で預かるという目標を掲げました。

　ショートステイといった短期利用の施設で、3分の1だけでも介護者に休息日を与えることができれば、終わりの見えない在宅介護でも続けていけるのではと考えたのです。

　具体策として思い描いていたのは、自社での施設運営です。市町村からの委託を受けてデイサービスなどの業務を行ったことはありましたが、施設自体を管理運営した経験はありませんでした。

具体化に向けてのきっかけは、付き合いのあった銀行から持ち込まれました。公的資金を受け入れるにあたり、銀行が所有している一宮市の女子社員寮を介護施設として活用してほしいというのです。

私はショートステイ施設をつくりたいと考えていましたし、その銀行との付き合いも長く、施設運営に乗り出すことになりましたが、誤算だったのは、当時はまだ民間会社によるショートステイ施設の運営が認められていなかったことでした。

デイサービスならできたのですが、もともとが寮であり、個室の多い造りだったため、入居型の施設にするしかありません。そこでやむなく、長期入居を前提とした「住宅型有料老人ホーム」を造ることになりました。

施設の名称は「遊楽苑一宮」で、２００１（平成13）年7月にオープンしました。２００３（平成15）年にはグループホーム「遊楽苑師勝」を開設しました。

その後の法律改正で民間会社でもショートステイ施設が運用できるようになったため、２００７（平成19）年以降、「遊楽苑奥町」「同九之坪」「同西春」「同師勝」と、短期入所型施設を相次いで開設し、「介護者を支える」体制を構築していきました。

「遊楽苑一宮」の開所式(２００１年7月26日)

介護3兄弟

私には、ほぼ同時期に訪問入浴の事業を始めた戦友とも言うべき仲間が２人います。株式会社福祉の街の安藤幸男さんと、セントケア・ホールディング株式会社の村上美晴さんです。

安藤さんに言わせれば、私たち３人は団子３兄弟ならぬ「介護３兄弟」で、介護黎明期《れいめい》に会社を立ち上げ、励まし合いながら事業に取り組んできました。

年齢順に、長男は１９８０（昭和55）年６月に埼玉県で創業した安藤さん、次男は私で、３男は１９８３（昭和58）年３月に東京都で創業した村上さんということになっています。

出会いは入浴車の販売元であるデベロ社を通じてでしたが、当初は穏やかな関係ではありませんでした。

村上さんは安藤さんより3年遅れて事業を始めたため、東京都は大手でなければ相手にしてもらえず、埼玉県は安藤さんがほとんどの自治体を抑えてしまっていました。

契約が取れなくて困っている村上さんは、デベロ社に相談しました。すると、「大手のS社を相手に奮闘している会社が愛知県にある」と教えられ、私のところへ電話をしてきました。

私は会社を立ち上げて半年くらいでしたが、「教えられることがあれば、何でもお話しします」と申し上げると、新幹線に乗って飛んでこられました。

私は「大きな市ではなく、郡部の小さな自治体をねらっていること」「訪問入浴や介護に対する偏見をなくすため、啓発運動を行っていること」などについて話しました。

村上さんが一番参考にしたのは、看護師による入浴3日前と入浴の翌日の健康チェックです。そのような手間のかかることをしていた事業者は他になく、実績のない新興事業者の大きなアピールポイントになりました。

戻った村上さんは、東京都や埼玉県を避け、千葉県を中心に営業活動を展開し、事業を軌道に乗せていきました。

私や安藤さんは自分が掌握できる範囲での事業に専念してきましたが、村上さんは全国展開を進めていき、２００２（平成14）年に社名を日本福祉サービスからセントケアに変更しました。

２０１７年11月の創立35周年感謝の会で
（左から安藤さん、筆者、村上さん）

介護３兄弟（左から村上さん、安藤さん、筆者）

業界団体の設立

電話をいただいて、村上美晴さんと知り合うことができ、村上さんと安藤幸男さんとはすでに顔見知りでしたので、私は村上さんの紹介により、安藤さんにお目にかかりました。3人は不思議なくらいに話が合いました。

1987（昭和62）年4月からは、安藤さんの「福祉の街」、村上さんの「日本福祉サービス」、私の「東海入浴サービス」の3社で、従業員のレベルアップを図るための相互研修を行うことになりました。

ノウハウを共有して、3人で業界をリードしていこうという意気込みのもとに始めたもので、埼玉県、千葉県、愛知県というように、3社の主戦場が違うからこそ可能だったのかもしれません。

介護の仕事を始めてから、辛いこと、くじけそうになることがありましたが、そういう時でも「介護3兄弟」で話をしていれば、元気を取り戻すことができました。ここまで会社を続けてくることができたのは、同じ業界で2人が頑張っていたからかもしれません。

3社による従業員の相互研修を始めた頃、入浴車を製造販売しているデベロ社から、ひとつの話が持ち掛けられました。「訪問入浴事業者の業界団体をつくらないか」というものでした。

訪問入浴の業者が増えてきていることから、このあたりで業界団体をつくり、業界のレベルアップを目指すとともに、いかがわしい業者を取り締まったほうがいいのでは、ということでした。

こうして1988(昭和63)年9月に設立されたのが「全国入浴福祉事業協議会」で、全国から23社が集まりました。安藤さんは監事、村上さんは理事に就任しました。

１９９８（平成10）年に10周年を迎えた時には、正会員90社、特別会員23社にまで拡大しました。この時、安藤さんが会長、私が副会長を務めていました。

この年の11月、１９８９（平成元）年11月に設立された全国在宅介護事業協議会と合併し、２００２（同14）年には現在の民介協（「民間事業者の質を高める」全国介護事業者協議会）が設立されました

全国入浴福祉事業協議会の役員会で
（前列右から３人目が筆者）

「第1回シルバーマーク」に認定

私たちが業界団体を立ち上げようとしていたのと同じ頃、厚生省（現在の厚生労働省）も民間の介護事業者の健全な発展を促すために、何らかの組織が必要なのではないかと考えていました。訪問入浴をはじめとして、高齢者や障がい者の介護に携わる民間事業者が増えてきていたからです。

このため、１９８５（昭和60）年にシルバーサービス振興指導室が厚生省内に設置され、１９８７（昭和62）年３月、社団法人シルバーサービス振興会（現在の一般財団法人）が設立されました。

本格的な超高齢化社会を迎えるにあたって、福祉サービスから健康・いきがい関連まで、多岐にわたるサービスが求められており、行政などの公的部門と並んで、民間企業による創造性、柔軟性、効率性に富んだ多様なサービスの提供が不可欠なことから、シルバーサービスの質の向上と健全な発展を目的に誕生したのです。

それから2年後の1989(平成元)年7月、シルバーサービス振興会は「シルバーマーク制度」を制定しました。

昭和60年代前半に高齢者が悪質な事業者から被害を受ける事件が発生したことなどを受け、シルバーサービス業界が自主的なサービス評価制度として検討を重ね、つくり上げたものです。

本社、本部のマネジメント基準やサービスの種類ごとの基準を設け、規準をしっかり満たしている事業者にマークを交付して、利用者が事業者を選択するうえでの確かな目安にしてもらおうというものです。

制定された年の10月、初のシルバーマーク認定が訪問介護(在宅介護)と訪問入浴(在宅入浴)の2分野において実施されました。

このうち、訪問入浴については16社が申請しましたが、審査基準は予想以上に厳しく、シルバーマークに認定されたのは、アサヒサンクリーン、サンルーム、デベロ介護センター、ヘルシーライフサービス、福祉の街、東海入浴サービスのわずか６社でした。

私の東海入浴サービスと安藤幸男さんの福祉の街が「第1回シルバーマーク」に認定されたのです。

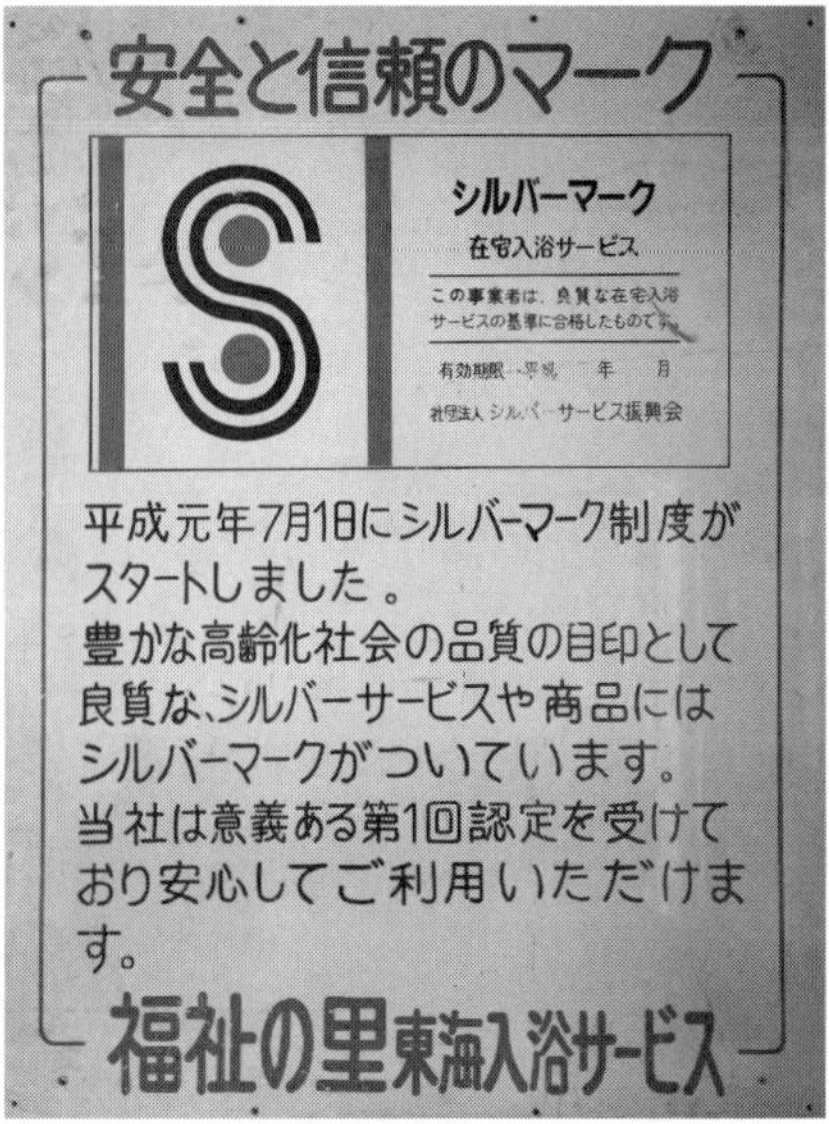

「第１回シルバーマーク」の
認定を受ける

国からのお墨付き

「第1回シルバーマーク」に認定されたことは、私にとっては望外の喜びであり、利用者のためにと積み重ねてきた苦労や努力が、ようやく報われたように感じていました。

私は起業してから6年間、ただがむしゃらに働いてきましたが、いつもひとつの不安を抱えていたからです。

訪問入浴は、業界自体が草創期にあったため、私はかなり自由に活動することができました。しかし、福祉サービスとはしょせんは行政の領域でした。

そうであるのならば、突然、法律や制度が変わって、民間企業が締め出されてしまうかもしれない。あるいは、国家資格や試験が義務化されたら、中卒である私には受験資格すら与えられないかもしれない。そんな不安が付きまとっていたからです。

シルバーマークの認定は、この不安を吹き飛ばしてくれました。厚生省の肝入りでシルバーサービス振興会が発足し、その振興会が定めたのがシルバーマーク制度であり、いわば国からお墨付きが与えられたようなものだったからです。

会社の経営もようやく安定してきたこともあって、私は中小企業経営者として、ひとつの成功を手にできたように感じていました。

東海入浴サービスのような小さな会社が、16社中わずか6社という難関を突破し、シルバーマークを獲得できたのは、おそらくは「スキマー」のおかげではなかったかと考えています。

室外の入浴車から室内の浴槽までホースで湯を引き込む時、引き戸にホースが挟まるため、冬場は冷たい隙間風が吹き込んできます。私はこれを防止するための機材としてスキマーを開発し、使用していました。

現地調査に訪れた審査員はこれを見て、非常に驚いていました。入浴車や人員の少ない小さな会社が、ここまで創意工夫していることが意外だったようです。

この成功を受けて、翌1990（平成2）年には、全国入浴福祉事業協議会の理事に推薦され、就任することになりました。この年には社名を「福祉の里」に変更し、会社はいよいよ大きく発展する段階に差し掛かっていました。

シルバーマークの審査員から評価された
「スキマー」（車両に立てかけてある機材）

「常に」の言葉にこだわる

日本で初のシルバーマークの認定を受けた私は、社会にとってより意義ある会社にしていこうと決意を新たにし、１９９０（平成２）年10月1日、それまで考えていた理念を次の３カ条にまとめ、社員全員で守っていくことにしました。

1、創意工夫　ただ漠然と仕事をしていたのでは、自己の成長も会社の成長もありません。ライバルに打ち勝ち、会社を大きくしていくには、仕事をより良いものにしていく努力が不可欠です。

2、自己研鑽　自分自身を磨き、高い倫理観や能力を獲得するため、自分が成長しているかどうかを常に自己点検し、自己の成長を促していけば、会社もまた成長することができます。

3、守秘義務　介護や福祉は、家に上がらせてもらったり、身体にふれたり、お客さまのプライバシーに関わる仕事であり、信頼を得るには守秘義務の厳守が欠かせません。たった1人でも信頼を失うことをすれば、悪い評判が広がり、会社が傾くことだってあり得るのです。

この3カ条の理念を受け継ぎ、創業20周年をきっかけとして、次のような「お客様との約束十ヶ条」を定めました。

1、プロとして常に創意と工夫怠らぬべし　2、プロとして常に自己の研鑽怠らぬべし　3、プロとして常に守秘義務厳守怠らぬべし　4、お客様に骨身を惜しまず尽くすべし　5、お客様の苦情は最優先で対処すべし　6、お客様の期待、裏切るべからず　7、お客様との約束、決して違うべからず　8、心身ともに健康たる努力怠るべからず　9、介護者を支える原点、忘る

るべからず　10、言行の判断基準はお客様の利便なるべし

この十ヶ条では「常に」という言葉にこだわりました。「常に」を意識することで、緊張感を高めたい、という思いを込めてあります。

２００８（平成20）年、シルバーマーク制度創設20周年を記念して、20年間にわたり認定を受け続けてきた優良事業者が表彰されることになり、表彰されたわずか３社の中に安藤幸男さんの「福祉の街」と、私の「福祉の里」が含まれていました。

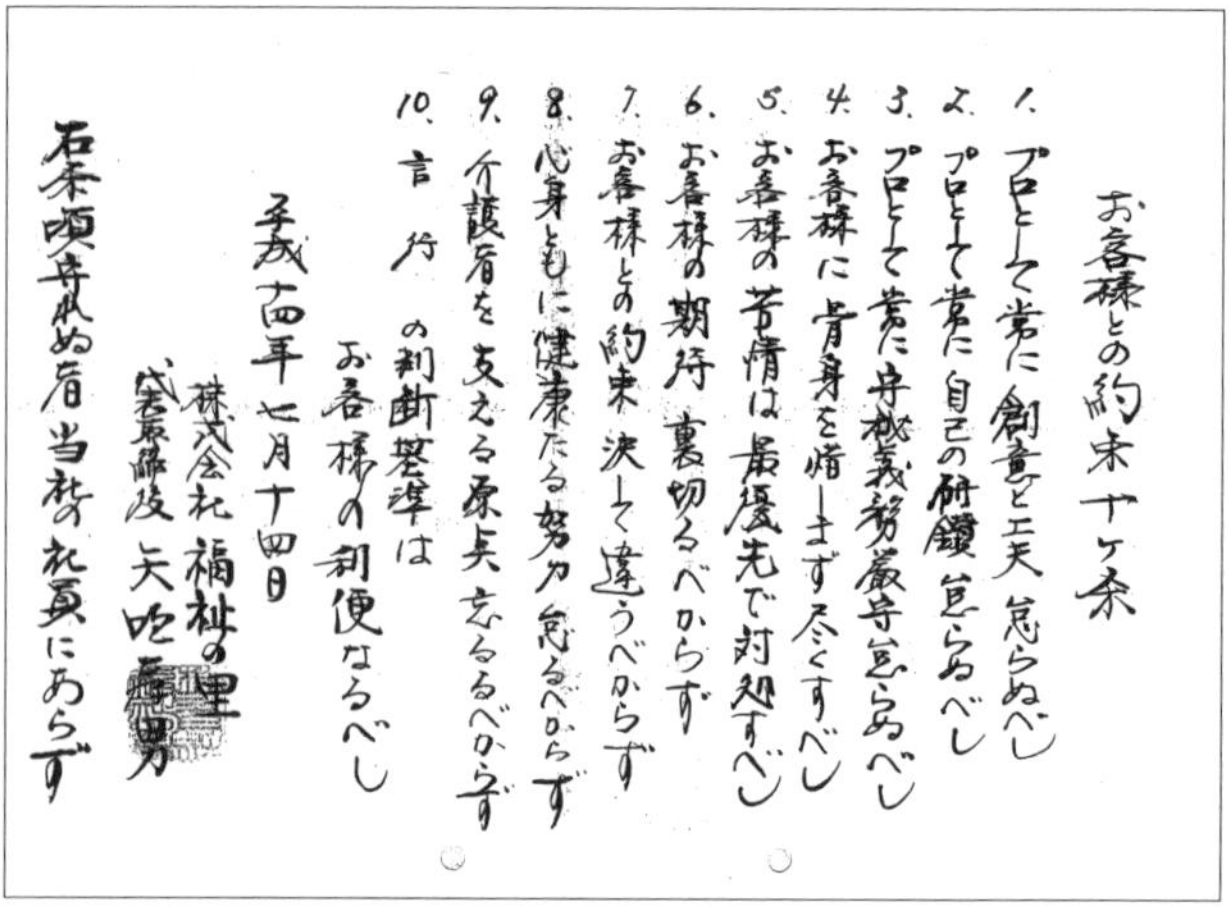
お客様との約束十ヶ条

1. プロとして常に創意と工夫 怠らぬべし
2. プロとして常に自己の研鑽 怠らぬべし
3. プロとして常に守秘義務厳守怠らぬべし
4. お客様に骨身を惜しまず尽くすべし
5. お客様の苦情は最優先で対処すべし
6. お客様の期待 裏切るべからず
7. お客様との約束 決して違うべからず
8. 心身ともに健康たる努力 怠るべからず
9. 介護者を支える原点 忘るるべからず
10. 言行 の判断基準は お客様の利便なるべし

平成十四年七月十四日
株式会社 福祉の里
代表取締役 矢吹孝男

右条項守れぬ者 当社の社員にあらず

手書きの「お客様との約束十ヶ条」

訪問入浴の醍醐味

２００７（平成19）年2月、母が99歳でこの世を去りました。最後まで福島県で暮らしていたため、愛知県にいる私は母の世話を兄嫁に任せ切りにしていました。感謝してし切れるものではありません。

私が訪問入浴の仕事をしていることを大変喜んでいた子煩悩な母でしたが、寝た切りの状態になると認知症が進み、私の仕事も忘れがちになっていたようで、兄嫁が訪問入浴を利用させようとすると嫌がり、何かと理由をつけて断ろうとしたそうです。

私は入浴車を運転していましたので、嫌がる高齢者を説得し、ようやく入浴してもらえた経験を何度もしています。訪問日の朝にお断りの電話が掛かってきたこともよくありましたが、おそらく半数は「入りたくない」と高齢者が言い出したからでしょう。

しかし、それをそのまま受け入れていいのでしょうか。どんなに嫌がっていても、実際に入浴してみれば「入れてもらって良かった」という高齢者がほとんどだからです。

また、私たちは利用する高齢者だけでなく、介護者の気持ちも考えなければなりません。介護者が訪問入浴を希望するのは、「家族ではできない入浴をさせてやりたい」という気持ちからなのです。

ところが、経験の浅いケアマネジャーは、高齢者に直接聞いて断られることが多いようです。

高齢者が訪問入浴を嫌がるのは、ただ面倒だというだけでなく、そのような迷惑を掛けるのが申し訳ないという気持ちが強いようです。「デイサービスで風呂に入るからいい」と断る人もいます。

しかし、それこそが訪問入浴の良いところなのです。自宅で入浴することにより、高齢者と介護者との間に新たなコミュニケーションが生まれるからです。

部屋の中に浴槽を持ち込む訪問入浴については、介護者の側にも「部屋を片づけなければ」とか「お湯がこぼれたらどうしようか」とか、いろいろな不安が芽生えるものですが、1回経験してもらえば、そのような不安は消えてなくなります。

訪問入浴は、介護者を支える最高のアイテムであり、介護者の心を軽くすることが一番の醍醐味《だいごみ》なのです。

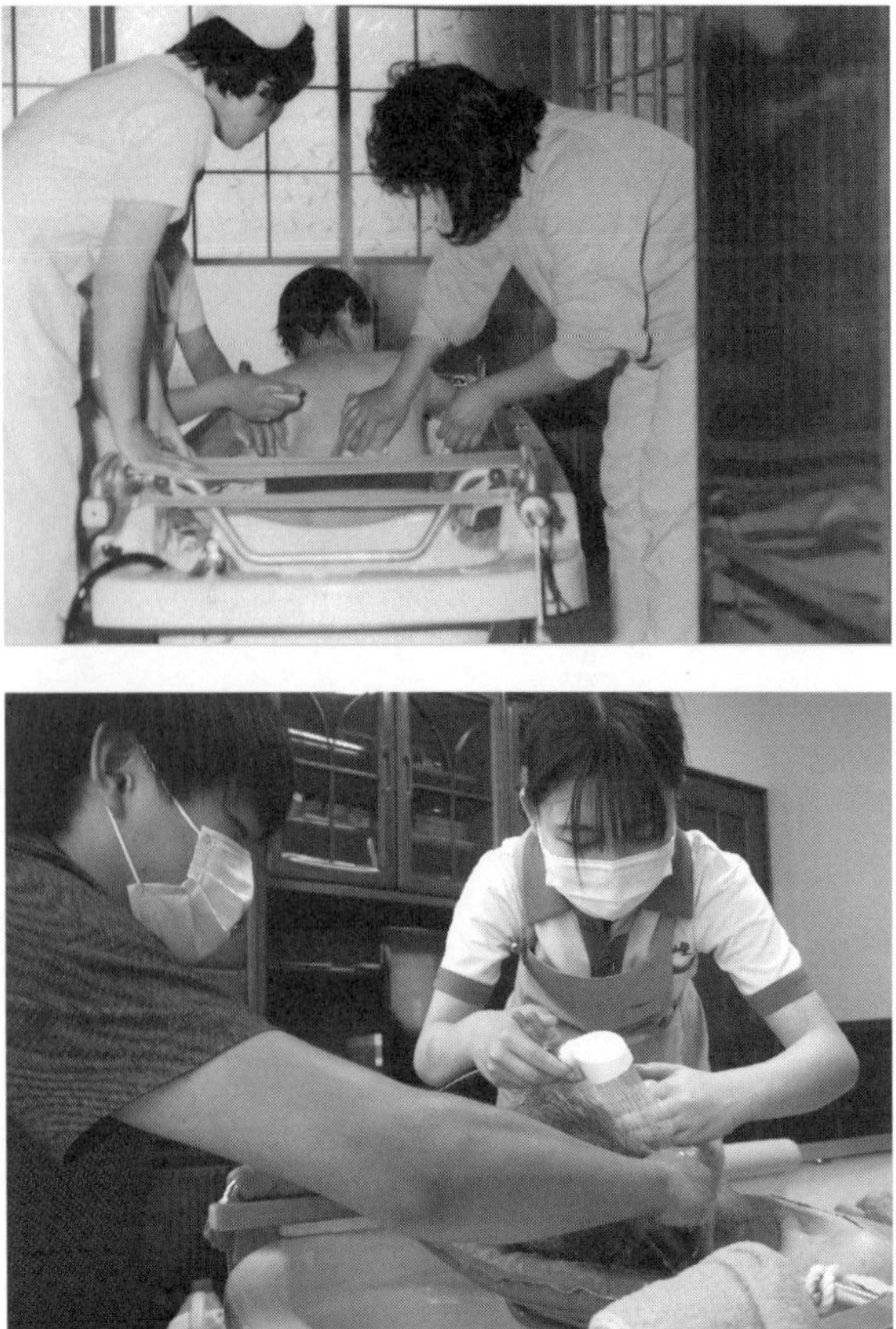

訪問入浴の昔
(上、看護師は当時ナースキャップを着けていた)
と現在(下)

女性が９割の職場

東海入浴サービスを設立してから３年後の１９８６（昭和61）年９月、相本典子さんというひとりの女性が入社してきました。

訪問入浴サービスには、利用者の健康チェックが欠かせません。それを行う看護師が急用で出勤できなくなったため、急きょ、手の空いている看護師を探してもらい、運良く見つかったのが相本さんでした。

相本さんはそれまでは個人病院の看護師をしていましたが、ちょうどその時はたまたま転職活動中で、就職面接の予定が入っていましたが、ほかにお願いする人がいなかったので、来てもらうことになったのです。

相本さんは東海入浴サービスという社名を見た時、性風俗の会社ではないかと勘違いしたそうです。

最初の社名の「21世紀」については、営業に赴いた某市役所の職員から「うちの市には『キャバレー21世紀』という店がある」とからかわれたことがあります。会社の名前をつけるのは、本当に難しいことだと思います。

相本さんは知人のつてを頼って紹介してもらい、緊急事態のピンチヒッターとして、2日間の約束で来てもらったのですが、その働きぶりが素晴らしいので、「せっかくだから、うちで働いてみませんか」と誘ってみました。

現在の本社のある北名古屋市（当時は西春町）へ移転してくる1年前のことであり、6畳と4畳半しかない事務所の狭さにびっくりした様子だったので、断られるかもしれないと思っていましたが、なぜか承諾してもらうことができ、それから約30年間、大切な戦友として休まず働いてもらうことになったのです。

相本さんのように長く働いてもらっている人がいる一方で、残念ながら辞めていく人も少なくありません。介護業界で働こうという人は女性が多く、結婚や出産、あるいはそのほかの家庭の事情によって、働き続けることができなくなる場合が多いからです。

現在のわが社の従業員は６１０人ですが、その９割は女性であり、ある面では特殊な職場と言えるのかもしれません。

相本典子さんと筆者

勤続２０年以上の社員でつくる「かたりべの会」
（創業３５周年感謝の会で）

集団退職の危機

従業員について記憶に深く残っている出来事があります。そのひとつは社員旅行に関わるものです。

わが社では一時期、バス1台に社員全員を乗せて社員旅行をしていました。その程度しか社員のいなかった頃のことでした。

皆さん、楽しんでくれていたのですが、ある時、「社員旅行が終わったので、辞めることにします」と言って辞表を提出した人がいました。

まだ若かった私は血気盛んで、「社員の定着のために行っているのに、旅行を楽しんだから辞めるとは何事か」と腹が立ち、翌年から社員旅行をやめてしまいました。

1993(平成5)年前後には、私が「稲沢事件」と呼んでいる出来事がありました。

会社に不満を抱く一人の男性社員を中心に、稲沢市内の喫茶店に社員が集まり、数回にわたって「集団で会社を辞めてやろう」という話し合いが行われていたのです。

少人数の会社で集団退職のようなことが起きたら、業務が回らなくなり、契約に穴をあけてしまうことになります。まさに、事件と呼びたくなる危機的な出来事でした。

仕事が増えていき、一人ひとりの負担が急増して、社員の不満がたまっていたにも関わらず、私は外にばかり目を向けていて、社員の声に耳を傾ける努力が欠けていたのかもしれません。

そうだとしても、不満を言ったり、交渉を持ち掛けてくるのではなく、ひそかにクーデターのような計画が練られていたことは大変なショックでした。

私自身は、社員の不満を解消するための努力はしていたつもりでしたが、それは自分の思い込みであり、また力不足であったことを思い知らされた事件だったのです。

給料を上げたくても資金的に応えることができなかったこと、不満に気づくことができなかったことについては、悔しかったし、大変申し訳ない気持ちになり、私の思いをメッセージなどで伝えました。

幸いにも同調する社員は多くはなく、会合に誘われた社員の一人が忠告してくれたので、集団退職は未然に防ぐことができました。首謀者の男性社員は話し合いの末、辞めていきました。

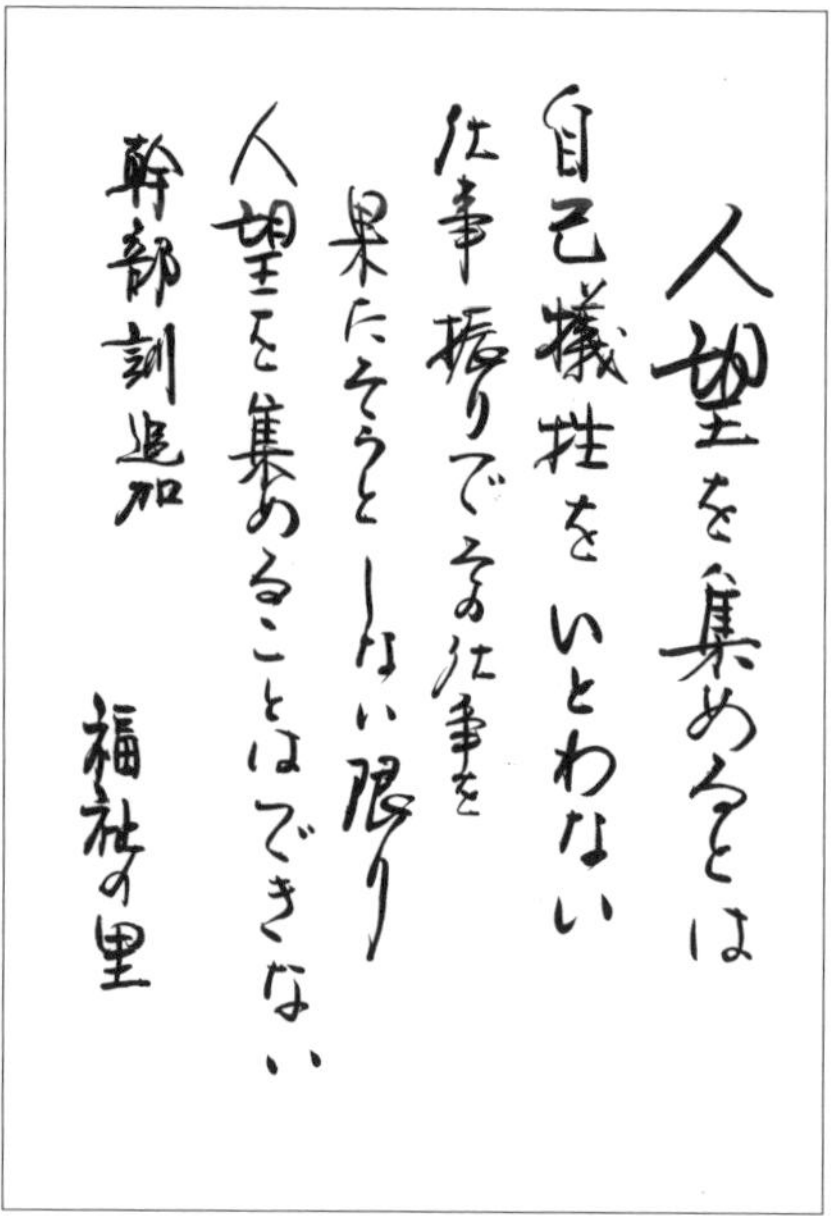

人望を集めるとは
自己犠牲をいとわない
仕事振りでその仕事を
果たそうとしない限り
人望を集めることはできない
福祉の里
幹部訓追加

社員に思いを伝える直筆のメッセージ

苦しみ・悩みが成長を促す

私は社員を家族同然と考えてきました。社員が失職しないよう、責任を持つのが社長の務めであり、社員は社長を盛り立てて会社を大きくするために頑張るもの、と考えていたのです。

しかし、「稲沢事件」を経験して、社員に対する不信感が生まれてしまいました。

社員の中には、会社のためにという気持ちが持てない人がいる。会社で働いている自分は本当の自分ではなく、この会社は一時的な腰掛けであり、1日8時間の労働を提供する場所に過ぎない。そのように考える人がいるのなら、私も社員に対して熱い気持ちを持たなくてもいいのではないか。

そんなことを考えたこともあったのです。社長として、ひとつの大きな試練の時でした。

介護業界は離職率が高いと言われていますし、実際の数字を見ても全体の平均より2〜3％高いようです。こうした現場を任されている職場のリーダーは、辞めていく部下を見て、「稲沢事件」を経験した時の私と同じように苦しんでいるはずです。

そこで後のことですが、私は自戒の気持ちを込めて、部下の離職に悩むリーダーに次のようなメッセージを発しました。

「職場から退職者を出した時ほど辛いことはありません。なぜか見捨てられたような寂しさを感じるものです。

うなだれて退職していく人は皆無であり、私はそんな時、『負けてなるものか』と自分を奮い立たせてきたように思います。同時に、自分で作った会社が至らないばっかりに退職者を出してしまった、と悔やまれたものです。

辞めていく彼らは、新しい職場に対する不安を隠し、見栄を張って明るくふるまいますが、次の職場で長く勤めている姿を見ることは少なく、同じような問題で職場を転々としていくのです。

遠くはきれいに、近くは醜く見えるものであり、自分の周りをきれいにするのは自分と知った者が、最後の勝利者になれるのです。一人ひとりの声を聞き、顔を見て、信頼できる部下を育成するのが自分の務めであり、苦しみや悩みが自分を大きく成長させてくれると心の底から思えた時、あなたは本物のリーダーになることができるのです」

シルバーマークを20年間取り続け、永年表彰を受ける
(写真上は表彰式＝左端が筆者、下は表彰状)

朝礼のスピーチ

わが社では毎朝、職場ごとに全員で外へ出てラジオ体操を行い、その後、一人がスピーチを行います。

朝礼のスピーチは、最初は職場のリーダーが行っていましたが、単なるあいさつや情報の伝達だけでは、耳に入ってこないものです。そこで、ある時から社員の一人ひとりに交代で話してもらうことにしました。

内容は何でも構いませんが、いきなり趣味やプライベートの話を始める人は少なく、仕事に結びつけた話をしてくれます。

苦労して考えてくる人も多いのですが、大切なのは話の内容ではなく、何をどのように話すかであり、スピーチに主体的に取り組むことがその人の成長につながると考えています。

うまく話すことができなくて、恥ずかしかったり、悔しいと思えば、次からは何をどのように伝えればいいのかを考えるようになるでしょう。

話をおもしろくするために、うまい人の話を熱心に聞くようになるでしょうし、どのような話をすればみんなの気を引くことができるのかを、研究するようになるでしょう。

社員の中には、毎朝、新聞をくまなく読むようになった人がいましたし、人前で話すことが苦手だったのに、どんどんうまくなっていった人もいました。

この朝礼のスピーチだけでなく、忘年会でも、新年会でも、社員旅行でも、必ずあいさつとともに本音で一言しゃべることが、わが社の伝統行事になっています。

介護保険が施行された２０００（平成12）年前後は、営業所が増えてきたため、本社の朝礼を録音してほかの営業所で流すといった試みも行い、当時のカセットテープは今も残っています。

仕事をする意味は人それぞれに異なり、どのような仕事をするのも自由ですが、自己研鑽《けんさん》や自己成長がなければ、どんな仕事をしていてもつまらないと思います。

私が常に言ってきたのは、「それは真剣に考えたのか？」という問い掛けでした。仕事に取り組む姿勢に甘さがあれば、その時は良くても、いつか必ず失敗につながるからです。常に真剣に考えたら必ず道は見えてくる。それが私の信条です。

㊤「北名古屋市少年少女発明クラブ」でスピーチする筆者
㊦ 北名古屋市発明クラブ発足時から一緒に支援を続けてきた小林正行会長(左)と活動を支援する

鳴海営業所での出来事

2000（平成12）年に、こんな出来事がありました。名古屋市の鳴海営業所で巡回介護の仕事に携わっている4人のスタッフが、私に電話をしてきました。「この営業所には問題があるから、ぜひ社長に聞いてほしい」というのです。

所長を飛び越えて社長の私に直訴するのは、会社組織としては問題なのですが、彼女たちの訴えから必死な思いが伝わってきたので、会って話を聞くことにしました。

約束の当日、4人のスタッフが北名古屋市の本社までやって来ました。所長には内緒のお忍びの訪問です。

応接室で事情聴取することにしましたが、4人には電話で話していた時のような勢いがなく、「それほど大したことではないのに、社長に時間を取ってもらい、申し訳ないのですが」というように、すっかりトーンダウンしていました。

明らかなのは、常日頃の不満がたまりにたまっていたということです。不満がたまると、起きている問題が実際以上に大きく見えてしまい、4人で相談して、私に電話をしてきたのでしょう。

しかし、実際に会って話を聞いてもらえることになり、その段階で不満の半分以上は解消してしまったのです。だからといって、話を聞いてもらえなくてもいいというわけではなく、やはり聞いてほしい気持ちに変わりはないのです。

このような直訴を受けたのは初めてのことだったので、興味があり、私はくわしく事情を聞くことにしました。想像していたように、不満の最大の原因は「所長が話を聞いてくれない」というものでした。

所長はいつも2階の事務所で仕事をしていて、1階のヘルパーさんのところへ降りてこないとか、問題点について話そうとすると嫌な顔をされるとか、そうした毎日の不満が蓄積されていき、私への直訴に及んだというわけです。

この出来事は、コミュニケーションの大切さを再認識させてくれました。コミュニケーションの第一歩は話を聞くことから始まり、スタッフの話を聞くことはリーダーの大切な仕事のひとつなのです。

本巣市主催の「薄墨桜浪漫ウオーク大会」には、筆者が運転手となり、10年以上ボランティアで救護バスを提供してきた

大切なコミュニケーションの場

鳴海営業所の出来事は、私自身に対してもひとつの気づきの機会を提供してくれました。

事業を始めたばかりの頃は、まだ社員が少なく、私自身も訪問入浴のスタッフのひとりとして一緒に仕事をしていたので、社員一人ひとりと直接話す機会はたくさんありました。

ところが会社が大きくなり、社員が増えていくにつれて、社員と社長である私との間には距離ができていきました。私ひとりで社員全員を把握することはもはや不可能であり、そのために中間管理職がいるわけです。

そうした組織上の問題は別にして、社員全員と直接触れ合い、コミュニケーションの機会を設けることはできないだろうか。私はこのことを真剣に考えるようになりました。

ヒントとして頭の中にあったのは、創業間もない頃に行っていた社員旅行でした。当時は社員数が少なかったし、私は兄の運送会社を手伝っていた時に大型免許を取得していたので、マイクロバスを借り、私自身が運転して、社員全員で出掛けたものでした。

あのような社員旅行を復活させることができれば、長い時間を一緒に過ごすことができるので、話したい人は私に話し掛けてくることができます。

社員同士でも、普段は顔を会わせることの少ない人や、顔を会わせていてもあまり話したことのない人とも、コミュニケーションの機会を得ることができます。

この社員旅行では、私自身がバスの運転手となり、社員の皆さんを旅行に連れていくというスタイルへのこだわりがありました。私には、大切な社員の命をほかの人に預けるわけにはいかないという強い思いがあったからです。

問題は創業時とは異なり、社員数が６００人以上に増えていたことであり、当然1台のバスに全員が乗ることはできません。一度に複数のバスを使用すれば、別にドライバーを雇わなければならなくなり、私のこだわりを満たすことはできません。

そこで、一度に全員が出掛けるのではなく、20人から25人ずつ、何回にも分けてバス旅行をすることにしたのです。

20～25人のグループで実施した社員バス旅行
（2007年から18年まで、筆者がハンドルを握った）

黒部ダム「魔の階段」

新たな社員旅行を実施したのは、２００７（平成19）年11月13、14の両日でした。この時はどのようなことになるのか、試しに行ってみるという位置づけで、参加人数を絞っての開催でした。

行き先は黒部ダムに決めました。ＮＨＫの人気テレビ番組「プロジェクトＸ」に感動し、秘境でのダム建設という困難に立ち向かった人たちの精神を学ぶことを目的として、雪の季節に決行しました。

黒部ダムの展望台まで行くには、魔の階段と言われている２２０段を上らなければなりません。経験した方はお分かりでしょうが、相当にきつい階段です。延々と続いていくように見えるこの辛さを、私は介護者の毎日にたとえることにしました。

高齢者を抱えている介護者は、状態によっては片時も目を離すことができず、24時間365日、ほとんど寝る間もない緊張の毎日を強いられています。そのような苦労がどういうものなのか、できる限りの創造力を働かせて支えていく。これが介護事業に携わる私たちの仕事です。

私は黒部ダムの魔の階段を、介護者が抱えている苦労の縮図として体感してほしいと願ったのです。

この220段の階段には、途中に2カ所の休憩所が設けてあります。このようなひと休みできる場所が設けられているからこそ、足腰の弱ってきた年齢の人でも若い人たちと一緒に上り切ることができるのです。

介護という延々と続く苦労に関して言えば、この休憩所はショートステイであったり、デイサービスであったりします。このような休憩所が用意してあるからこそ、220段の階段を最後まで上り切ることができるのです。

ですから私は、介護者の方々には時にはこうした休憩所を利用して、最後まで看取ることができたという悔いのない充実感を味わっていただきたいと考えています。それは魔の階段を自分の足で上り切り、展望台に到達した時の充実感と共通するものがあるはずです。

私はいつも「介護者はゴールの決められていない長距離ランナー」と言っており、これを支えていくことは会社の根本理念でもあるのです。

介護者に休憩の時間を提供するためショートステイを開設

社員旅行と子どもキャンプ

翌年の２００８（平成20）年から本格的な社員旅行をスタートすることにし、「黒部ダム作戦元年」と名づけました。このような大げさな呼び名をつけたのは、行楽シーズンなどに行われている社員旅行とは大きく異なるからです。

この旅行には社員全員が参加し、全員が私の運転するマイクロバスに乗って出掛けます。介護の仕事に休みはありません。当然のことながら、１台のマイクロバスに社員全員が乗ることもできません。

そこで、７月から10月にかけて24回実施することにしました。１回当たり20人から25人が参加し、どのバスも私が運転するのです。私が社員のみなさん全員とコミュニケーションの機会を設けたいというのが動機のひとつなので、私の運転は欠かせない条件のひとつなのです。

このほかにも、この社員旅行には世間一般のものとは異なることがあります。そのひとつは旅行代理店に頼ることなく、社員がすべてを計画し、段取りを決めていくことです。

計画しなければならないのは、単に旅先のことだけではありません。1人が休んでも大変な職場にあって、20数人が1泊2日の旅行に出かけるとなれば、大変な調整が必要になります。

このため、社員旅行はものごとを計画して実行していく訓練になり、続けていくうちに、自発的に仕事のやり方を見直したり、改善を促す効果が生まれてきました。

必ず持っていくもののひとつは、100枚ほどのDVDです。わが社の社員は女性が多く、家へ帰れば家事が待っているので、テレビを見る時間がありません。そこで、おもしろそうな番組を録画し、バスの中で見てもらったりしています。

年を経るにつれて、金沢・能登観光や岐阜県美並村での子どもキャンプなども行うようになりました。

母親が働いて帰ってくるのを、家では子どもたちが待っている。その子どもたちへの感謝の気持ちから始めたのが2泊3日の子どもキャンプです。回を重ね、子どもたちが成長していく姿を見るのは楽しいですし、毎年、顔を会わせているので、子どもたち同士の友情も育まれています。

社員の子どもたちのキャンプも開催している

同じ土地、同じ宿、同じ店に

　旅行のバリエーションは増えていきましたが、代理店などの業者に頼らず、社員自らが企画すること以外にも共通点があります。それは毎年、同じ場所に行くことだけではなく、同じ旅館に泊まり、同じ店に立ち寄るようにしていることです。

　そうすることによって、利用する旅館や店にとって私たちは常連のお得意さまとなり、より良いサービスを受けることができるからです。私はこれを「戦略的互恵関係」と呼んでいます。

　そもそもの始まりは、創業して間もない１９８４（昭和59）年８月のことでした。たまたま新聞で郡上八幡の徹夜の盆踊りを知り、行ってみたくなったのです。

全国的に有名な祭りなので、宿は当然、満員に違いないと思っていましたが、この時はひとり旅ということもあり、運試しのつもりで、ノーアポイントメントのまま出掛けていきました。

片っ端から旅館に飛び込んでいきましたが、10軒、20軒と訪ね歩いてもすべて断られました。顔を見せることなく、宿の奥から「空いてないよ」と言われることがほとんどでした。

それでも諦めることなく挑戦し続け、ようやく宿を見つけることができたので、私は自分の運の強さに祝杯をあげました。そしてその後も毎年、同じ運試しを繰り返しました。

当時は吹けば飛ぶような小さな会社であり、民間の介護事業に関する法的根拠もなく、将来的にどうなるのか、何の保障もありませんでした。そうした中で、「会社が続くかどうかはこの運試しにかかっている」と自分に言い聞かせ、夏の郡上八幡行きを続けました。

どんなに苦しくても挑戦し続け、目的を達成して、「執念を持って事に当たれば必ず思いは成就する」と自分を鼓舞し続けたのです。

結局、介護保険制度が始まって会社が忙しくなるまでの16年間、実施し、人の温かさや優しさにふれることもできました。

宿泊した旅館の中に私のことを覚えてくれて、盆踊りの初日には必ず部屋を取っておいてくれた「磨墨《するすみ》」があり、後半の8年間はここに泊まりました。これが戦略的互恵関係の原点です。

地域貢献として北名古屋市に昭和のクラッシックカー
など約３０台を寄贈

北名古屋市から贈られた感謝状を手にする筆者
（右は当時の長瀬保市長）

ふるさととの絆

２０１１（平成23）年3月11日、わが故郷の福島県を含む東北地方を巨大地震が襲いました。東日本大震災です。

幸いなことに実家は山の中にあったため、それほど大きな被害は受けませんでしたが、福島県は地震や津波の被害のみならず、原発事故まで起きてしまい、心の痛い日々が続きました。私は2年間にわたり、３００万円の義援金を送ることにしました。

岩手県、宮城県の沿岸部も軒並みやられてしまいましたが、ここにも親しくしていた介護の会社がありました。その中の1社が、ぱんぷきん株式会社です。本社は宮城県石巻市にあり、被害が大きいとのニュースが流れていたので心配でしたが、連絡を取ることができず、消息が分かりません。

ようやく連絡が取れたのは数日後のことで、「困っていることはない？」と聞くと、食料も水も人手もないとのことでした。そこで、すぐさま福祉の里からスタッフを派遣して、入浴支援を行うことにしました。3月から5月にかけて10回実施することになったのです。

第1陣は3月27日で、私がバスを運転して支援物資と7人のスタッフを送り届けました。

翌日には、愛知県シルバーサービス振興会が公益法人になるための重要な会議が予定されており、私は議長を仰せつかっていたので出ないわけにはいきません。このため、愛知県から宮城県までの往復およそ27時間、ハンドルを握り続けました。

また、こんなこともありました。ある老夫婦が親戚を頼って、福島県浪江町から稲沢市に避難してこられたのですが、体調を崩し、親戚の人が困って市役所に行った時、偶然にも福祉の里のケアマネジャーが居合わせて話を聞くことになりました。

報告を受けた私は、会社として全面支援することにし、2年間にわたっておふたりを当社施設でお世話させていただきました。

浪江町は福島第一原発に近く、ご夫婦は帰ることができなかったので、そのまま愛知県でお亡くなりになりました。葬儀ではスタッフ一同もお見送りさせていただきました。

東日本大震災復興支援の活動報告書

後継者

私は毎年人間ドックを受診していますが、２０１２（平成24）年6月18日、病院から「胃に異常が見つかったので再検査を受けてください」との連絡があり、２日後の精密検査で胃がんと知らされました。

ほかの人は随分心配しましたが、「早期発見だから切除すれば治る」とのことなので、それほどショックではなく、それよりも7月からの社員旅行のことが気掛かりでした。マイクロバスを運転する私がいなければ、行けなくなるからです。

手術は7月2日に行われ、無事成功してそのまま入院し、1カ月後の8月2日に退院しました。なじみの喫茶店へ立ち寄ってから本社へ行くと、「おかえりなさい」という手作りの看板、大きな花束、盛大な拍手と歓声で迎えられました。

照れくさくもあり、うまくいって良かったという感動があふれてきました。同時に、社員のために頑張ろうと決意を新たにし、退院から4日後にはマイクロバスを運転して、日帰りの親子旅行に出掛けました。旅先では肉を食べて元気な姿を見せ、翌日から通常業務に戻りました。

このように、胃がんの手術についてはそれほど深刻に考えていませんでしたが、万が一の事態も想定して、簡単な身辺整理をするなど、死を意識し始めました。

しかし、そのまま死ぬわけにはいきません。会社の後継者を決めていなかったからです。社長の最大の仕事のひとつは後継者を決めることだと言われますが、私は死を迎えてもいい準備がまだできていなかったのです。

後継者を誰にするかについて、これといったこだわりがあるわけではありませんでした。社内に適任者がいれば、その人にお願いすればいいのですが、介護事業の負担の大きさを考えれば、やはり身内の者に託すほうがいいように思えました。

私には1男2女の子どもがいますが、この3人の中で性格が私に似ているのは次女の華絵であり、華絵が適任と考えました。華絵にとっても人生の大きな選択に関わる問題なので、よく話し合わなければなりませんが、その機会が得られません。なぜなら、華絵はアメリカにいたからです。

社長交代後の新年幹部会（２０１８年）

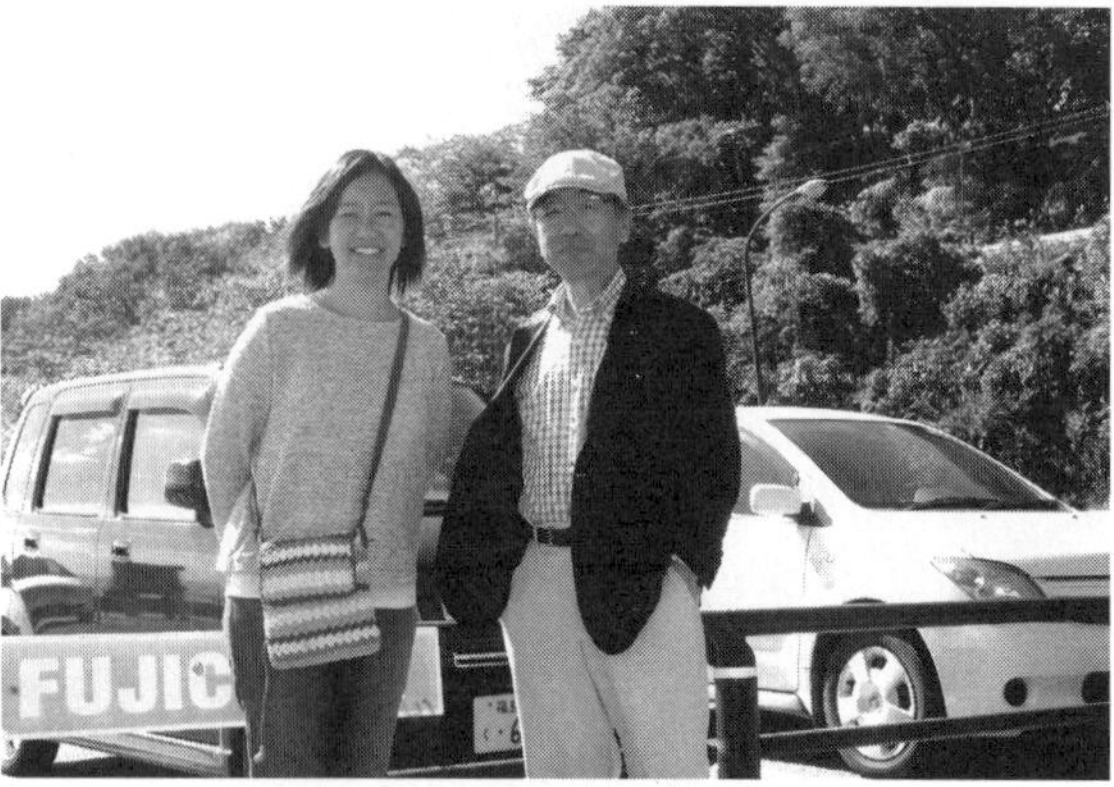

現在の社長の矢吹華絵（左）と筆者
（２０１６年の社員旅行で）

次女の社長就任

華絵は教員免許を取得すると、1994(平成6)年、行動心理学を学ぶために渡米し、大学院を卒業してからもそのままアメリカで仕事をしていました。

本当は私が会って、福祉の里の跡を継いでくれるかどうか、気持ちを確かめる必要があったのですが、こなさなければならない仕事に追われ、渡米するだけの時間的な余裕がありません。

そこで、ある2人が、華絵のいるロサンゼルスに行って気持ちを確かめてきます、とアメリカに向かいました。2015(平成27)年6月のことでした。以前から、私の気持ちは折に触れて伝えてあり、「跡を継ぐ気はありません」と言われていましたが、2人が持ち帰った返事はやはり同じものでした。

幸いなことにその年の12月、華絵は日本に帰国してきました。私の気持ちを理解してくれたわけではなく、アメリカで15年間働いてきたので、ひとつの区切りとして、1年間だけ帰国することにしたとのことでした。自由の国アメリカは、華絵の性格と相性がいいらしく、再び戻る気でいたのです。

本人はのんびりするつもりだったようですが、ぶらぶらしていてもつまらないから福祉の里へ来るよう勧めてみると、どう判断したのか、翌年5月に入社してきました。

介護には素人なので、これといってすることはありませんでしたが、何もしないことには耐えられない性格なので、自分にできることを見つけ出し、それをやろうとしました。それが華絵であり、その感覚はアメリカ暮らしで一段と研ぎ澄まされたようです。

そうこうしているうちに、すべきことを見つけ出したのか、跡を継ぐ決心をしてくれたので、２０１７（平成29）12月1日、華絵が社長に就任し、私は会長となりました。

華絵の目には、当然の権利である有給休暇を１００％取得している人がいないとか、人事考課制度がないとか、信じられないことが多々あり、次々に働き方改革を推し進めています。

介護業界も大きな変化の時代を迎えており、新しいリーダーによって、新しい発想による、新しい福祉の里づくりが始まろうとしているのです。

後ろの写真は１９９０年、障がいのある息子の車椅子を押す
高齢の母親に声をかける筆者。これが福祉の里創業の原点である

あとがき

一昨年ごろ、中部経済新聞社から連載企画「マイウェイ」のお話しをいただきました。内容を聞いたところ、中部圏の名だたる方々と同じ連載企画とのことで、畏れ多いと思いましたが、せっかくいただいた話なのでありがたくお引き受けすることにしました。

連載にあたっては、2013年に発刊した著書『バキュームカーに乗って見た夢（幻冬舎メディアコンサルティング）』を要約し、新たに近年の出来事を追記しました。

介護する人を助ける仕事として訪問入浴を始めましたが、気づけば来年で喜寿。このサービスを始めたきっかけの一つは、父の入浴を手伝ったことだったと思います。そうして尊敬する父と母の恥ずかしくない息子として〝天網恢恢疎にして漏らさず〟を深く心に刻み福祉に従事。ようやく胸を張って「頑張ってきた」と振り返ってもいいかと感じています。

ここまでこられたのは福祉の里の社員や関係者の方々、そして家族の支えがあってこそです。

前述しましたが、2017年から次女の華絵が福祉の里を継いでくれました。私とはまったく違う、新しい発想で改革を進めてくれています。自分の代では思いつかないことなどが数多くあり、これも時代の流れなのかと感じることもありますが、社長を継いでくれてうれしく思います。本当にありがとう。

最後になりますが本書の出版にあたって、華絵や藤田さんをはじめとした社員の皆さん、中部経済新聞社の方々などの多くの方にご協力いただきました。

改めて感謝申し上げます。

そして本書を手に取っていただいた読者の皆さん、心から御礼申し上げます。

令和４年８月吉日

筆　者

＊本書は中部経済新聞に令和3年3月1日から同年4月30日まで51回にわたって連載された『マイウェイ』を改題し、新書化にあたり加筆修正しました。

矢吹孝男（やぶき・たかお）

高齢者介護事業を展開する福祉の里の創業者。勤めていた兄の経営する会社が倒産し、夜逃げ同然で立ち寄った名古屋で仕事を得た後、１９８３（昭和58）年に訪問入浴事業を創業。高齢者介護への理解が乏しい時代は苦労の連続だったが、２０００（平成12）年の介護保険制度スタートを境に、事業の重要性への認識が進み、躍進を続ける。
福島県出身。

中経マイウェイ新書 057

ぬくもりの心で介護者を支えて

2022年9月20日　初版第1刷発行

著者　矢吹 孝男

発行者　恒成 秀洋　発行所　中部経済新聞社

名古屋市中村区名駅4-4-10　〒450-8561
電話　052-561-5675（事業部）

印刷所　西川コミュニケーションズ株式会社
製本所　株式会社渋谷文泉閣

ISBN978-4-88520-243-8